Egon Binder
Fische selbst räuchern

AF217442

Egon Binder

Fische selbst räuchern

2., überarbeitete Auflage

54 Farbfotos
12 Zeichnungen

Inhalt

Wohin mit dem großen Fang?

Die Sache mit dem „großen Fang" muss relativ gesehen werden. Denn für einen kleinen Jungen kann bereits ein selbst gefangener Fisch das sein, was für einen ausgewachsenen Petrijünger ein Dutzend Flossentiere sind, die an die Angel oder ins Netz gegangen sind.

Das Petriheil ist das eine Glück, der spätere Beweis aber, was man daraus an Delikatessen zaubern kann, ist das andere. Dafür möchte sich dieses Buch einsetzen: das Anglerglück mit leckeren Räucherfischgerichten einfach komplett zu machen – ganz gleich, ob für die eigene Familie oder für einen größeren Kreis von Freunden.

Diese (Koch-)Kunst ist für jeden erlernbar. Voraussetzung für den Erfolg ist das Einhalten der entsprechenden Regeln und eine peinlichst saubere Hygiene beim Einsalzen wie beim Räuchern. Es muss immer wieder betont werden, dass es sich beim Fisch um ein leicht verderbliches Lebensmittel handelt und Fischvergiftungen nicht auf die leichte Schulter zu nehmen sind. Je größer also die Erfahrung, umso größer der Spaß, mit dem man getrost auf eine kleine Weltreise gehen kann. An Fluss, See und Meer wird man ihn immer wieder neu entdecken: den Räucherfisch in seinen vielen Variationen kulinarischer Köstlichkeiten!

Sie werden sicher fragen, wie ich eigentlich zu diesem Hobby gekommen bin? Es war eine lange Entwicklung, die begonnen hat mit der bübischen Freude am „schwarz" gefischten Weißfisch im benachbarten Fluss – das natürlich mit dem zugedrückten Auge des rechtmäßigen Fischwasserpächters – und dem folgenden Steckerlfisch-Braten. Dann folgte die Begeisterung an selbst gebastelten Räuchervorrichtungen – wie zum Beispiel beim Einhängen von Fischen im Schornstein des offenen Kamins, nach der Methode von Max und Moritz bei Wilhelm Busch.

Das Aufspüren passionierter Räucherspezialisten und das Auskosten von regional oft recht unterschiedlichen Räucherdelikatessen machte mein Glück komplett; von Urlaubsreisen konnte ich oft einen richtigen Schatz an Ratschlägen mit nach Hause nehmen. Wer mir auf diesen Spuren folgen will, wird sich darüber freuen, nicht nur von lehrreichen Gesprächen mit Gleichgesinnten zu profitieren, sondern sich so recht zum Gourmet in Sachen Räucherfisch empor zu arbeiten.

Fische räuchern für sich allein lohnt kaum – außer man ist nach einem Anglerglück allein am Ufer vor einem Camping-Räuchergerät. Meistens wird man dieses Vergnügen mit der Familie oder guten Freunden teilen. Und dann kann man sich seines Erfolgserlebnisses sicher sein: Noch lange nach der Einladung zum Räucherfisch-Essen wird davon gesprochen werden, welch großen Eindruck diese in den Rauch gehängten Fische hinterlassen haben!

Feuer und Rauch verehrten die Menschen einst als Göttergabe. Sie versammeln sich seit jeher um diese Entdeckung. Eine Ahnung davon ist uns bis heute geblieben, denn der Duft des geräucherten Fisches zieht wohl jeden in seinen Bann. Er macht so richtig hungrig, weckt Abenteuerlust und lädt zum geselligen Verweilen ein. Zu all dem will Ihnen dieses Buch verhelfen; es leitet Sie dazu an, für sich das große Spektrum der Köstlichkeit Fisch zu erweitern, ohne dass Sie der „geborene" oder gar gelernte Koch sein müssen.

Grafenau, im Sommer 2010
Egon Binder

Die Sehnsucht des Menschen nach unverfälschten Nahrungsmitteln resultiert einfach daraus, dass uns fast täglich wahre Schreckensmeldungen erreichen: über manipulierte Lebensmittel, die teilweise ernste gesundheitliche Schäden nach sich ziehen.

Der direkte Weg der Produkte von Feld und Bauernhof frisch auf den Tisch ist längst unterbrochen. Allein in Deutschland kommen 75 Prozent aller Lebensmittel nicht mehr direkt vom Bauern, sondern durchlaufen industrielle Veredelungsprozesse, die einem so richtig den Appetit verderben: So gibt es zum Beispiel den künstlichen Vanillegeschmack aus Sulfit-Abfällen der Papierindustrie; und Cystein aus chinesischen Menschenhaaren kann Industriebrötchen den so verführerischen Backofenduft verleihen.

Doch es gibt auch eine andere Seite des „Fortschritts": Mit Rückständen der industriellen Rauchgasreinigung lassen sich auch Fische oder Würstchen räuchern (Der Spiegel 2000). So sind wir wieder bei unserem Thema, dem Räuchern „am eigenen Herd", und wissen, weshalb wir das Selbstgeräucherte umso mehr schätzen.

Ein bisschen Rauchgeschichte

Wer glaubt, dass das Haltbarmachen von Fischen eine Erfindung allein der Nordeuropäer ist, der täuscht sich. Bereits die alten Ägypter machten sich jene Kunst des Konservierens zu Nutze und verhinderten so bei ihren verstorbenen Gottheiten und Pharaonen den Verfall der menschlichen Hülle. Schon früh verstanden sie es auch, die im Nil gefangenen Fische mit Salz zu mumifizieren

Schmackhafter Räucherfisch ist ein unverfälschter Genuss.

und dann der heißen Wüstensonne zum Trocknen auszusetzen.

Und nicht anders die Klugheit der Lebensmittelkonservierer im römischen Reich. Dem Römer Cato wird zugeschrieben, dass er die Formel der richtigen Substanz der Salzlake erfunden hat: Er legte ein rohes Ei in ein mit Wasser gefülltes Gefäß und gab diesem anschließend so viel Salz zu, bis das Ei schließlich an der Oberfläche schwamm. Salz war überall kostbar und teuer; es wurde in salzarmen Gegenden sogar als „weißes Gold" gehandelt.

Von den Römern profitierte wohl das ganze christliche Abendland – so auch von ihrer Kunst des Fischeräucherns. Diese Lebensmittelkonservierung überquerte die Alpen bereits sehr früh mit den römischen Legionen und hat sich überall dort traditionsreiche Stationen erobert, wo es eben Fische gibt. Eines der vielen Beispiele dafür zeigt sich am „Bayerischen Meer", dem Chiemsee, im Pfarrdorf Seebruck. Bereits etwa 85 bis 160 nach Christus hat es hier an den Ufern zwischen dem Chiemsee und der Alz eine römische Siedlung gegeben. See und Fluss müssen auch damals schon reichlich mit Fischen gesegnet gewesen sein, denn sonst hätten die Römer neben ihrem Werkplatz zur Herstellung von Booten nicht gleich auch eine Darre errichten lassen, ein mit Steinen fundamentiertes Gebäude zum Trocknen von Getreide und zum Räuchern von Fischen. Die Fundamente sind heute im Römerort Bedaium (für Seebruck) noch anschaulich zu bewundern, auf dem Freigelände 100 Meter von der früheren Römerstraße entfernt. Wer heutzutage einen Nachgeschmack der ehemals römischen Fischräucherkammern erleben will, der wird bestimmt nicht enttäuscht sein: Man folge einem der einladenden Hinweisschilder zu den Fischräuchereien an den Ufern des Chiemsees oder auf der Fraueninsel und frage nach einer der goldgelb geräucherten

In Seebruck am Chiemsee entdeckt: Rekonstruktion einer fast 2000 Jahre alten römischen Darre zum Fische räuchern.

Chiemseerenken, nach Chiemseebrachsen und -aalen.

Was der Rauch bewirkt

Einst war es eine bittere Notwendigkeit, Hungersnöten vorzubeugen und leicht verderbliche Lebensmittel – wie es Fleisch und Fisch nun einmal sind – mit Salz und Rauch zu konservieren. Selbst bis in die Zeit nach dem Zweiten Weltkrieg waren in ländlichen Regionen ein Kühlschrank oder gar eine Tiefkühltruhe nahezu völlig unbekannt. Verderbliches Gut konnte nur für Tage im Erdkeller aufbewahrt werden oder musste eingesalzen beziehungsweise, im Falle von Fleisch und Fisch, geräuchert werden.

Damals stand also vor allem das Haltbarmachen im Vordergrund, heutzutage räuchert man vorwiegend, um für den Gaumen den Geschmack zu stimulieren. Das spielt nicht nur bei Schinken und Wurst eine zunehmende Rolle, sondern vor allem auch beim Fisch. Selbst in feinsten Restaurants findet man zum Beispiel bei den Vorspeisen zuerst das geräucherte Forellenfilet.

Doch in den heutigen Kühlschrank- und „Eiszeiten" geht es in erster Linie um die Verbesserung des Geschmacks und damit verbunden um das appetitliche Aussehen, denkt man nur an goldgelbe Forellen, Makrelen oder Heringe.

Da das Fischeräuchern keine Erfindung unserer Tage ist, hat es auch bereits Mitte des 18. Jahrhunderts Eingang in die ernst zu nehmende Literatur gefunden, wie ein Blick in „Zedlers großes Universal-Lexikon" aus dem Jahre 1741 beweist. Darin heißt es unter anderem beim Stichwort Fischeräuchern:

„... man kann die Fische auch auf folgende Art räuchern: Nehmet ein sieben oder acht eimeriges Faß, nur von schlechten Tauben (gemeint die Fassbretter), von weichem Holtz abgebunden; unten darff es keinen Boden haben, denn es muß den Rauch fangen, oben aber eine halbe Spanne vor dem Ende des Fasses, machet inwendig zwey

Was geschieht beim Räucherprozess?
Durch den Einfluss von Hitze und Rauch wird die Feuchtigkeit vermindert, Eiweiß gerinnt und Keime werden abgetötet.
In diesem speziellen Rauch können etwa 10 000 Substanzen nachgewiesen werden, die durch ihre desinfizierende Wirkung die Haltbarkeit verlängern. Richtig gelagert ist Räucherfleisch über Wochen, Räucherfisch bei guter Kühlung etwa eine Woche lang haltbar.

Höltzer creutzweis über einander, die durch vier Löcher im Fasse stecken, an diese hänget die Fische, die ihr räuchern wolt, lasst auch vier einer starcken Spannen langen Höltzer, quer Finger breit, übers Faß oben ausgehen, häfftet solche übers Creutz mit kleinen Nägeln im Faß an, darnach leget den oberen Boden, der ein wenig kleiner, als sonst zugerichtet und gemacht seyn muß, ledig auf, und breitet über den Boden und einer Spannen lang über das Faß herab ein grob leinen Tuch, welches den Rauch halte, dass er nicht ausgehe, und machet über das Tuch zween oder drey ledige Reife, dass sie das Tuch wohl hinten halten, vorhero aber lasst mit Ziegeln ein rundes Mäuerlein aufmauern, nach der Weite des Fasses, ohngefehr einer Spanne hoch, und eines halben Ziegel breit, aber fein gleich, damit das Faß recht darauf stehen kann; das Mäuerlein aber muß nicht um und um ganz seyn, sondern an einem Ort eine Oeffnung haben, dass man daselbst vermodertes und faules Holtz, Späne, Laub oder anderes leget, aber keine helle Flamme giebet, damit das Faß nikcht brennend werde, hinein schieben könne. Auf dieses Mäuerlein nun setzet das Faß mit dem Ort, wo kein Boden ist, und haltet mit dem Rauche so lange an, bis die Fische genug geräuchert sind."

Fisch – gesund, schmackhaft und bekömmlich

Der Fischer selbst spielt nicht nur einmal eine vordergründige Rolle in der Bibel, im meist verbreiteten Buch der Welt. Christus bezieht viele seiner Gleichnisse auf ihn und macht schließlich aus seinen Fischern vom See Genezareth Menschenfischer. Das Spiegelbild vom reichen Fischfang schmückt viele unserer Kirchen; Christus hatte seine Jünger dazu aufgefordert, ihre Netze immer wieder neu auszuwerfen und auch dann nicht zu verzweifeln, wenn diese einmal leer bleiben sollten. In der Bibel wird erzählt von der wundersamen Fischvermehrung in der Stadt Bethsaida – sie würde selbst heute jeden Petrijünger beglücken –, bei der mit anfänglich nur zwei Fischen schließlich 5000 Menschen gespeist wurden.

Doch nicht nur in der christlichen Heilslehre ist der Fisch eine dominante „Persönlichkeit". Auch ein altes chinesisches Sprichwort besagt: „Gibst Du einem Menschen einen Fisch, so wird er einen Tag lang zu essen haben; gibst Du ihm einen Korb voll, so wird er eine Woche satt sein; lehrst Du ihn aber das Fischen, dann wird er nie mehr hungrig sein."

Die Wasser dieser Erde sind ein riesiger Wohnraum für die Fische; allein die Meere nehmen 71 Prozent der Erdoberfläche ein, das sind 360 Millionen Quadratkilometer. Von den etwa 20 000 verschiedenen Fischarten kommen an die 5000 im Süßwasser vor.

Zudem verbindet der Fisch die Abenteuerlust vor allem der Männer in der Begegnung mit Meer, See und Fluss, mit dem Glück von Fang und Beute und mit dem romantischen Erlebnis der Natur. Denken wir nur an den „Alten Mann und das Meer" von Ernest Hemingway.

Die Liebe zum Fisch und die Verbreitung des Fischsymbols kommen deshalb nicht von

Wie einst am See Genezareth werden von Booten die Netze zum reichen Fischfang ausgeworfen.

ungefähr, denn der Fisch stand und steht noch heute für Fruchtbarkeit, Reinheit und Glück. Und Hand aufs Herz, zieht es uns bei unseren Reisen durch die schöne weite Welt nicht immer auch zu Häfen und Fischmärkten, zu Fischern, Kähnen und Booten?

Allein in Deutschland sind 40 000 Menschen in der Fischwirtschaft beschäftigt und der Jahresumsatz von Fischindustrie und Küstengroßhandel beziffert sich auf 8 Milliarden Euro. In Mitteleuropa kann der Fischhandel auf eine 4000-jährige Geschichte zurückblicken, bewiesen ist das mit Funden in Pfahlbaudörfern.

Die Lust am Fisch-Essen ist – allein am Beispiel der Bundesrepublik Deutschland gesehen – gar nicht so gering: Jeder Bürger isst mindestens 14,5 Kilogramm Fisch im Jahr, davon sind allein sechs Prozent Räucherfische und zehn Prozent Frischfisch. Der Löwenanteil wird natürlich in Konserven verpackt.

Wie gesund sind Fische?

Der Fisch, dieser Bewohner von Bach und Fluss, Weiher, See und Meer, zählt zu den gesündesten Lebensmitteln; er ist zudem überaus schmackhaft und als Spezialität auf den Speisenkarten immer mehr begehrt. Das kommt nicht von ungefähr, enthält er doch viele wichtige Nahrungsbestandteile: vor allem hochwertiges Eiweiß mit den für den Menschen so wichtigen essenziellen Aminosäuren; verzehrt man nur einen Fisch mit einem Gewicht von 250 g, ist damit der Tagesbedarf an tierischem Eiweiß gedeckt. Fisch enthält reichlich Vitamine A und D und Vitamine des B-Komplexes sowie Mineralstoffe und Spurenelemente wie Kalzium, Eisen, Jod, Phosphor und Magnesium.

Die ungesättigten Fettsäuren im Fischfleisch senken auch den Cholesterinspiegel und beugen damit dem Herzinfarkt vor.

Nährwertgehalt von Fisch und Fischerzeugnissen im Überblick

Fisch Fischerzeugnisse Fischart (100 g)	Hauptbestandteile			Mineralstoffe					Vitamine					Energie	
	Eiweiß	Fett	Kohlenhydrate	Natrium	Kalium	Kalzium	Phospor	Eisen	A	B₁	B₂	Niacin	C	kcal	Joule
	(g)	(g)	(g)	(mg)	(mg)	(mg)	(mg)	(mg)	(µg)	(µg)	(µg)	(mg)	(mg)	kcal	Joule
Aal	15,0	24,8	+	65	217	17	223	0,6	980	180	320	2,6	2	299	1251
Austern	9,0	1,2	4,8	290	185	80	157	5,6	93	160	200	2,2	.	71	297
Forelle	19,5	2,7	+	40	465	18	242	1,0	45	84	76	3,4	+	112	469
Garnele (Speisekrabbe)	18,6	1,4	+	146	266	92	224	1,8	78	51	34	2,4	1,9	96	402
Heilbutt (weißer)	20,1	2,3	+	67	446	14	202	0,5	32	78	70	5,9	+	110	460
Hering	18,2	14,9	+	117	360	34	250	1,1	38	40	220	3,8	0,5	222	929
Hummer	15,9	1,9	0,3	270	220	61	234	1,0	.	130	88	1,8	.	89	372
Kabeljau	17,0	0,3	+	86	350	24	190	0,5	9	57	40	2,0	+	78	326
Karpfen	18,0	4,8	+	46	306	29	216	1,1	44	68	53	1,9	1,0	125	523
Makrele	18,8	11,6	+	95	358	12	238	1,2	100	140	350	7,7	+	193	808
Miesmuschel (Blau-, Pfahl-)	9,8	1,3	3,9	296	277	27	246	5,1	54	160	220	1,6	+	72	301
Rotbarsch	18,2	3,6	+	80	308	22	201	0,69	12	110	80	2,5	0,8	114	477
Sardine	19,4	5,2	+	+	+	85	258	2,5	+	0,01	0,4	9,7	+	124	521
Schellfisch	17,9	0,1	+	116	301	18	176	0,6	17	50	170	3,1	+	80	336
Scholle	17,1	0,8	+	104	311	20	198	0,9	+	210	220	4,0	+	83	347
Seehecht	17,2	0,9	+	101	294	41	142	+	+	0,1	0,2	+	+	77	323
Seelachs (Köhler)	18,3	0,8	+	81	374	14	300	1,0	10	88	350	4,0	+	88	368
Seezunge	17,5	1,4	+	1	00	309	24	196	0,8	+	60	100	3,0	+	90
Thunfisch in Öl (feste und flüssige Anteile)	23,8	20,9	+	361	343	7	294	1,2	370	50	60	10,8	0	299	1251

+ = Inhaltsstoffe nur in Spuren vorhanden; . = es liegen keine Daten vor; 0 = der Gehalt beträgt praktisch Null
Quelle: HAID (1992)

Gesund und lecker: frisch gefangener Dorsch.

Nicht umsonst sagt man, dass sich der Tod bei Bewohnern an den Gestaden der Meere viel Zeit lässt – und neueste Untersuchungen von Mittelmeer-Anwohnern bestätigen das auch wissenschaftlich.

Dass zum Beispiel der regelmäßige Genuss von Makrelen das Herzinfarkt-Risiko mindert, hat das Ostberliner Zentralinstitut für Herz- und Kreislaufforschung mit einer Makrelen-Langzeitdiät bewiesen. Es zeigte, dass sich bei Patienten, die dreimal wöchentlich Makrelenfilets verzehrten, der Blutdruck auf Normalwerte senkte.

Das Vitamin B_{12} ist unentbehrlich für den Aufbau der roten Blutkörperchen und stärkt zugleich das Nervensystem. Vitamin D fördert den Knochenaufbau und das gesunde Haar und senkt das Brustkrebsrisiko. Jod ist zum Beispiel unentbehrlich für die Schilddrüsenfunktion; Fischöl (Omega-3-Fettsäuren) hemmt Entzündungen und regelt den Blutdruck. Zugleich wird die Gefahr von Schlaganfällen durch fischölreiche Nahrung um 75 Prozent verringert und – neueren Untersuchungen zufolge – auch Migräneanfällen und Rheuma vorgebeugt.

Das im Fischfleisch enthaltene Selen vermindert sogar das Krebsrisiko überhaupt und die Erkrankung der Herzkranzgefäße. Es spricht also vieles für die Fischmahlzeit; begründet empfehlen deshalb Ernährungswissenschaftler zwei bis drei Fischmahlzeiten pro Woche.

Fischfleisch enthält fast kein Bindegewebe und ist daher wenig fest. Das Fischfleisch wird dadurch leichter und schneller verdaut als zum Beispiel das Fleisch vieler Warmblütler. Die kürzere Verweildauer im Magen bedingt ein geringes Sättigungsgefühl, was aber nicht mit einem geringeren Nährwert verwechselt werden darf.

Überaus unterschiedlich ist der Fettgehalt der Fische. Während die so genannten Fettfische wie Aale und Makrelen einen Fettgehalt von mehr als zehn Prozent aufweisen, befinden sich Forellen, Thunfisch und Plattfische mehr oder minder unter dieser Grenze. Der Kabeljau wie der Schellfisch haben als Magerfische sogar einen Fettgehalt von unter einem Prozent. Besonders die Forelle ist „modern" geworden in unserer Zeit der mehr und mehr gesundheitsbewussten

Ernährung: Sie enthält eine Menge leicht verwertbares Eiweiß, wichtige Mineralstoffe und Vitamine; ihr geringer Fettanteil zeichnet sie ebenso aus wie der Reichtum an essenziellen Fettsäuren. 100 g Forellenfleisch enthalten 112 Kilokalorien Energie; außerdem: 19,5 g Eiweiß; 2,7 g Fett; keine Kohlenhydrate; 150 I. E. Vitamin A (entsprechend 45µg); 0,084 mg Vitamin B_1 und 0,076 mg Vitamin B_2.

Tipps zum gesunden Räuchern

Wer selbst räuchert, kann sich auch selbst vor Krebs erregenden Substanzen in seinem Räucherfisch schützen: Das Holz muss unbehandelt sein, nicht vermodert, sondern trocken. Die Temperaturen im Räucherofen sollte man niemals an die kritische Grenze von über 500 °C heranführen; damit wird dann verhindert, dass die aromatischen Kohlenwasserstoffe im Rauch Besorgnis erregend zunehmen. Fachleute empfehlen, die Verglimmungstemperatur unter 500 °C zu halten, das Räuchermaterial anzufeuchten und die Sauerstoffzufuhr während des Räucherprozesses auf ein Minimum zu beschränken.

Wie gesund sind geräucherte Fische?

Immer wieder taucht zu dieser Frage ein Schreckgespenst auf: In Zeitungen und Zeitschriften, im Radio wie im Fernsehen ist es oft ein Thema, dass geräucherte Lebensmittel Krebs fördernd sein könnten. Doch wenn dieses pauschale Urteil zuträfe, dann wären die Menschen vieler Regionen bereits im Kindesalter gestorben. Man denke nur daran, dass sich vor der Erfindung des Kühlschranks die

Menschen in den Wintermonaten in erster Linie von geräucherter Wurst, geräuchertem Fleisch und Fisch ernähren konnten.

Hier ist eine differenzierte Betrachtung nötig: Als Krebs erzeugend gilt das Benzpyren, eine aromatische Kohlenwasserstoff-Verbindung aus mehreren Benzolringen, die auch durch im Rauch schwelendes Holz entstehen kann. Doch die ständigen lebensmittelrechtlichen Untersuchungen von Räucherfischen auf dem Markt ergaben bisher Werte, die keinen Anlass dazu geben, auf geräucherten Fisch zu verzichten. Im Zweifelsfalle hätten der Gesetzgeber und das Bundesgesundheitsministerium ohnehin bereits ein Verbot ausgesprochen.

Ernährungsphysiologische Wertigkeit

Die Effekte, die man sich vom Räuchern verspricht – ein ausgeprägtes Aroma und eine für das Auge genüssliche Farbe der Fischhaut – beruhen mehr oder weniger auf Reaktionen der Rauchbestandteile mit den Inhaltsstoffen dieses Lebensmittels. Untersuchungen der Deutschen Forschungsgesellschaft ergaben, dass dies aus ernährungsphysiologischer Sicht auch zu einer Verminderung der Nährwerte führen kann. Ausgeprägt ist das jedoch eher bei geräuchertem Fleisch und geräucherter Wurst. Die auffälligste Veränderung des Substrates erfolgt durch Carbonyl-Protein-Reaktionen, also bei der Farbbildung und Ausbildung der sekundären Haut. Es kann Kollagen entstehen, das in dieser Form im Magen des Menschen unverdaulich ist, von den Enzymen des Darmtraktes dagegen angegriffen wird. Eine größere Minderung der kalorischen Wertigkeit geräucherter Lebensmittel ist aber nicht anzunehmen.

Der Fisch zum Räuchern

Auch wenn man sich eben „nur" auf das Räuchern von Fischen versteht, wird man immer mehr über das Leben der Fische wissen wollen – selbst wenn man kein professioneller Angler ist. Nachfolgende kurze „Steckbriefe" können nur ein paar Hinweise auf die wichtigsten Räucherfische geben, denn allein in Deutschland sind über 60 Süßwasserfische bekannt.

Helfen können dabei gut illustrierte Bücher über die Vitae von See-, Fluss- und Meeresfischen. Sie sind in reicher Auswahl im Buchhandel erhältlich. Manche von ihnen sind nicht nur lehrreich, sondern lesen sich geradezu spannend: Wenn man etwa erfährt, dass Aale ein besseres Riechorgan besitzen als Jagdhunde und Zwergwelse sogar in der Lage sind, mit ihrer gesamten Körperoberfläche Geschmacksreize aufzunehmen. Zugleich besitzen alle Fische mit ihrer Seitenlinie ein Organ, das ihnen als „Radargerät" dient, mit dem sie Gegenstände oder andere Fische orten können, ohne sie sehen zu müssen. Einige Fischarten sind wahre Überlebenskünstler, denn sie können selbst in heißen Quellen von über 40 °C oder bei Temperaturen unter dem Nullpunkt überleben.

Fische können einen sehr viel älteren Stammbaum als die Menschen vorweisen, denn sie gab es bereits vor über 500 Millionen Jahren. Überlegen sind sie den Menschen auch in ihrer Schnelligkeit: Der Thunfisch zum Beispiel kann es immerhin auf 75 Kilometer pro Stunde bringen. Eine Forelle ist fähig zu einer Höchstgeschwindigkeit von 30 und ein Aal zu 12 Kilometer pro Stunde. Aale, die flussabwärts ziehen, legen bis zu 36 Kilometer am Tag zurück, der Lachs sogar 100 Kilometer am Tag.

Wer einmal anfängt, sich in den wunderbaren Lesestoff über das Leben der Aale zu versenken, den wird die Faszination nicht mehr loslassen, mehr über diese schweigende Welt unter Wasser zu erfahren. Das Orientierungssystem der Aale ist eines der großen Wunder dieser Welt. Zur Laichwanderung brechen diese Fische mit dichtem Fettpolster im Alter zwischen 5 und 18 Jahren vom Süßwasser aus auf – das vor allem in stürmischen Gewitternächten. Sie führt die Aale 5000 bis oft sogar 7000 Kilometer über den Atlantik hin zu den Laichgründen im Sargassomeer vor der nordamerikanischen Ostküste. Vermutet wird, dass sie dort in Meerestiefen von bis zu 500 Meter laichen und dann absterben.

Nach dem Ablaichen beginnt das Leben einer neuen Generation mit einer ebenfalls großen Reise: Nach dem Schlüpfen lassen sich die Aal-Larven vom Golfstrom innerhalb von drei Jahren auf den europäischen Kontinent zurücktreiben. Als noch durchsichtige „Glasaale", so in dieser Lebensperiode ihr Name, steigen sie dann in die europäischen Flüsse auf und entwickeln sich zum Fressaal, zum Blau-, Gelb- oder Grünaal. Haben sie dann die Geschlechtsreife erreicht, wandern sie wieder dorthin zurück, wo sie hergekommen sind: über den Atlantik hin zum Sargassomeer.

Dieses ausführliche Beispiel zeigt, wie interessant es sein kann, sich mit dem Leben und Lebensumfeld der Fische zu beschäftigen.

Empfehlenswerte Fischarten für den Rauch

Aitel

Der Aitel wird auch Döbel oder Dickkopf genannt. Als Allesfresser nimmt er von Algen bis zum Fisch alles auf. Er gilt vor allem als Laich- und Bruträuber, weshalb er in Forellengewässern unerwünscht ist.

Sein Fleisch ist zwar zart und schmackhaft, jedoch auch sehr grätenreich. Deshalb kann man den Aitel zum Räuchern nicht gerade empfehlen – es sei denn, der Gourmet versteht sich darauf, das Filet entsprechend zu entgräten.

Äsche

Die Äsche ist nur noch in absolut reinen Gewässern zu finden – weshalb sie in unseren Flüssen bereits zu einer Seltenheit geworden ist. Sie wird in der Regel nur 25 Zentimeter lang, kann jedoch auch bis zu einem halben Meter erreichen. Die Äsche bevorzugt sauerstoffreiche Bäche und Flüsse mit gutem Pflanzenbewuchs. Sie ernährt sich von Insekten, Schnecken, kleinen Fischen und Fischlaich.

Dieser vorzügliche Speisefisch ist jedoch auf Märkten nur selten zu haben; meistens teilen sich nur die Angler diese Spezialität mit ihrer Familie und Freunden.

Bachforelle und Regenbogenforelle

Vorwiegende Unterscheidungsmerkmale sind: Die Bachforelle hat seitlich rote Punkte, während die Regenbogenforelle unregelmäßig schwarz gepunktet ist; am torpedoförmigen Körper schillert zur Laichzeit ein Band in den Farben des Regenbogens. Die Bachforelle „in freier Wildbahn" ist fast ein Bergsteiger, selbst noch in Seen und Fließgewässern bis 2500 Meter über dem Meeresspiegel ist sie zu finden. Bach- wie Regenbogenforelle ernähren sich in erster Linie von Insekten, Kleinkrebsen und später dann von kleineren Fischen. Doch auch mit handelsüblichem Trockenfutter sind beide Forellenarten im Teich zu ernähren. Bei der Teichhaltung kann bereits innerhalb von zwei Jahren eine Portionsforelle heranwachsen. Im Geschmack steht zwar die Regenbogenforelle der Bachforelle etwas nach, doch gerade sie ist der Brotfisch der Klein- und Großteichwirte.

Regenbogenforellen sind seitlich schwarz gepunktet.

Barbe

Die Barbe kommt in ganz Mittel- und Osteuropa vor. Sie ist ein Schwarmfisch, der vor allem in der Dämmerung aktiv ist. Sie hält in tiefen Gewässern eine Winterruhe.

Einerseits ist die Barbe ein überaus schmack-hafter Speisefisch, andererseits ist sie sehr grätenreich. Einen solchen Räucherfisch sollte man deshalb nur Gästen vorsetzen, die einen Fisch auch kunstgerecht zerlegen können.

Einst galt die Barbe in Flüssen wie dem Main als Brotfisch der Berufsfischer und wurde geradezu massenhaft gefangen; doch heute stellen ihr nur noch wenige nach.

Barsch

Mit dem Zander verwandt ist der Barsch, der jedoch viel kleiner bleibt. Er gehört zu den farbenprächtigsten und schmackhaftesten Fischen unserer Naturgewässer und erreicht eine Länge zwischen 30 und 40 Zentimeter und ein Höchstgewicht von 1,5 Kilogramm. Der Barsch ernährt sich hauptsächlich von Planktonkrebsen, Insektenlarven, Würmern und kleinen Fischen.

Als Räucherfisch ist er wegen seines weißen, wohlschmeckenden Fleisches gut zu empfehlen. Zudem hat er wenig Gräten, weshalb ihn auch Berufsfischer und Teichwirte besonders schätzen. Doch Vorsicht beim Anfassen, wenn man ungeübt ist: Der Barsch kann so richtig seine Rückenflosse aufstellen und einem schmerzhafte Stiche beibringen; mit einem Lederhandschuh kann man sich jedoch schützen.

Blaufelchen

Der Blaufelchen oder die Rheinanke ist vor allem in den sauerstoffreichen Alpenseen zu Hause, so zum Beispiel in den Seen des österreichischen Salzkammergutes und im Bodensee; aber auch in Norddeutschland und im Norden Europas. Merkmale sind der kegelförmige Kopf und der torpedoförmige Körper, der blaugrün bis dunkelgrün schillert.

Der Blaufelchen ist ein Fisch von hervorragendem Geschmack. Eine wahre Delikatesse sind Bodenseefelchen, die sich wie ihre Artgenossen vorwiegend von Insektenlarven und Bodentierchen ernähren.

Zum Räuchern eignen sich eher die kleineren Fische mit einer Länge um 30 Zentimeter. Sie sind vor allem beliebt und als Räucherfisch besonders begehrt, weil bei ihnen die Zwischenmuskelgräten fehlen, die beim Essen sonst so sehr stören.

Brachse

Die Brachse, auch Blei genannt, ist in Flüssen mit langsamer Strömungsgeschwindigkeit und in Seen mit schlammigem oder sandigem Untergrund zu finden. Sie ist geradezu ein Artist, wenn sie auf dem Kopf stehend mit ihrem Rundmaul den Boden nach Kleintieren durchbuddelt.

Für das Räuchern zu empfehlen sind nur größere Exemplare mit einem Gewicht von einem Kilo, da kleinere sehr grätenreich sind. Auch hier gilt, dass man diesen Fisch geräuchert nur Leuten vorsetzen sollte, die damit umgehen können.

Dornhai

Als die am häufigsten vorkommende Haiart des Nordatlantiks bildet der Dornhai große Schwärme. Er wird etwa 100 bis 120 Zentimeter lang und wiegt dann maximal zehn Kilogramm.

Nachdem der Kopf entfernt und die Haut abgezogen ist, werden aus den geräucherten Bauchlappen unsere Schillerlocken, und der geräucherte Rückenteil ist bei uns als Seeaal im Handel.

Dorsch oder Kabeljau

Erst als geschlechtsreifer Fisch wird der Dorsch bei uns zum Kabeljau, während die nordischen Länder nur die Bezeichnung „Torsk" kennen, was Dörrfisch bedeutet. Diese vorwiegend im Nordatlantik wie in der Nord- und Ostsee verbreitetete Dorschart wird bis zu 1,10 Meter lang und erreicht im Durchschnitt ein Gewicht von 15 Kilogramm. Seine Hauptnahrung sind Heringe und Sandaale. Die Geschlechtsreife tritt beim Dorsch meistens im achten bis zwölften Lebensjahr ein. Er hat dann eine Länge von 70 bis 100 Zentimetern und wiegt drei bis acht Kilogramm. Der gefräßige Allesfresser gilt als

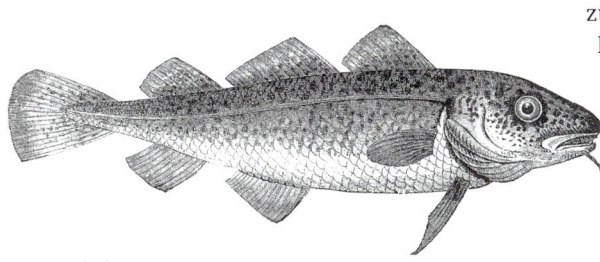

Kabeljau

Brotfisch des Räucherers. Die größeren Exemplare müssen für den Räucherofen in Scheiben geschnitten werden. Das wohlschmeckende Fleisch sollte dabei seine Zartheit nicht verlieren.

Flunder oder Struffbutt

Die Flunder ist der Scholle in ihrem Aussehen und in ihrer Körpergestalt sehr ähnlich; man kann sie jedoch durch ihre raue Oberfläche von der glatten Scholle gut unterscheiden; bisweilen sind undeutliche Punkte zu finden. Die Flunder ist der einzige nordeuropäische Plattfisch, der auch im Süßwasser leben kann und daher im Meer mit einem geringeren Salzgehalt auskommt als die anderen Arten der Plattfische. Sie ist daher die am meisten verbreitete Plattfischart in der Ostsee (Siehe Abbildung Seite 25).

Flussaal

Der Flussaal ist der große Wanderer unter den Fischen. Seine Geburtsstätte liegt in den Tiefen des Ozeans im Sargassomeer vor der Ostküste Nordamerikas. Ist er zwei bis drei Zentimeter lang, beginnt seine Wanderung, getrieben vom Golfstrom, hin zur europäischen Atlantikküste, um dann die Ströme hinauf zu ziehen, wo er sich für fünf bis sechs Jahre ein Revier mit schlammigen Böden sucht. Geschlechtsreif kehrt er zum Laichen wieder zurück

zum Atlantischen Ozean. Während sich der Breitkopfaal vorwiegend von Krebsen, Muscheln, Fischen und Schnecken ernährt, begnügt sich der Spitzkopfaal mit Kleintieren.

Aale, vor allem die mit breitem Kopf, erreichen einen Fettgehalt bis annähernd 40 Prozent; Spitzkopfaale dagegen werden mit ihrem Fettgehalt von rund 15 Prozent für das Räuchern bevorzugt. Beim Räuchern ist darauf zu achten, gleich große Aale in einer Partie zusammenzufassen, damit sie gleichmäßig geräuchert werden.

In Mecklenburg-Vorpommern, an der Ostsee, wird der Aal scherzhaft auch „Dreifarbenfisch" gekannt: Grün wird er gefangen, braun geräuchert und schwarz verkauft.

Goldbrasse

Weil sie einen goldschimmernden Fleck auf der Stirn hat, wird sie zur Goldbrasse und ist bei Sportanglern sehr begehrt. Sie wird maximal bis zu 70 Zentimeter lang und kann ein Gewicht von sieben Kilogramm erreichen. Die Goldbrasse lebt häufig in Hafenbecken, Flussmündungen und Lagunen. Als Nahrung bevorzugt sie vor allem Krustentiere, was natürlich Rückschlüsse auf ihr begehrtes Fleisch zulässt. Ihr Erscheinungsbild wie ihr wohlschmeckendes Fleisch schätzten bereits die alten Griechen.

Flussaale, die großen Wanderer.

Ein idealer, weil grätenarmer Räucherfisch: die Makrele.

Hecht

Dieser Raubfisch ist in Flüssen und Seen zu Hause. Er verzehrt Fische in großen Mengen, manchmal sogar Artgenossen, Frösche und kleinere Wasservögel. Als mittlere Länge gelten 50 bis 100 Zentimeter.

Hecht ist eine echte Delikatesse, doch beim Räuchern sollte man kleineren Exemplaren den Vorzug geben. Vor allem begehrt ist das weiße, noch mit verhältnismäßig wenig Gräten durchzogene Fleisch des Junghechts. Bei größeren Räubern wird das Fleisch dann grobfaserig.

Heilbutt

Der Heilbutt kann zum ältesten unter den Fischen werden; seine Lebenserwartung wird auf 40 bis 50 Jahre geschätzt. Dieser größte Plattfisch ist schnellwüchsig. Sein mittlerer Lebensbereich liegt in Meerestiefen um 200 Meter. Exemplare über zwei Meter Länge werden heute selten gefangen, diese Fische wiegen dann mehr als 150 Kilogramm. Der Heilbutt ist ein Grundfisch; er ernährt sich vor allem von jungen Dorschen und größeren Bodentieren. Sein Lebensraum liegt vorwiegend in atlantischen Gewässern. Seine Größe macht es erforderlich, den Heilbutt sozusagen scheibchenweise in den Räucherofen zu geben.

Hering

Der Hering ernährt sich von Fischeiern, Schnecken, Kleinkrebsen und Jungfischen. Im Durchschnitt wird er 25 Zentimeter lang.

Tonnenweise wird er im gesamten Nordatlantik wie auch in der Nord- und Ostsee gefangen. Der im Herbst aus den Meeresgewässern geholte Hering ist etwas magerer, dafür aber im Geschmack feiner als der im Frühjahr ins Netz gegangene, wohlgenährte. Als „grüner Hering" kommt der frisch gelandete Fisch auf den Markt. Begehrt ist der goldgelb geräucherte, glänzende Bückling. Lebt man entfernt von der Küste, muss man nicht auf geräucherten Hering aus dem eigenen Räucherofen verzichten: In Fischmärkten kann man frischen, auf Eis gelagerten Hering kaufen.

Hornhecht

Jedes Land, ja fast jeder Landstrich hat seine Fischsaison. In Strahlbrode am Strelasund ist es zum Beispiel der Hornhecht, dessen Fang im Mai Hochsaison hat. Täglich holen dann die Strahlbroder Fischer rund 600 Kilogramm Hechte aus dem Boddengewässer vor Greifswald. Die Touristen sind ganz wild auf diese Spezialität mit dem spitzen Maul, die geräuchert besonders würzig schmeckt. Die Hornhecht-Saison dauert nur einen Monat lang, wenn der Fisch zum Laichen in die Randgewässer der Ostsee kommen. Der Rauch steigert seinen Marktwert: Während Hornhecht am Hafen ungeräuchert zwei Euro kostet, erhöht sich sein Wert nach drei Stunden im Rauch auf glatte vier Euro.

Karausche

Die Karausche ist leicht mit dem jungen Schuppenkarpfen zu verwechseln. Sie wird bis 30 Zentimeter lang und ein Kilo schwer. Wenig anspruchsvoll fristet die Karausche selbst in sauerstoffarmen Tümpeln ihre Existenz; sogar in Gartenteichen kann sie gehalten werden. Als Speise- oder Räucherfisch ist sie nicht unbedingt zu empfehlen.

Karpfen

Aus Japan und China ist der Karpfen zu uns gekommen. Er ernährt sich von der Fauna am Boden. Fällt auch die „Ernte" dieses gerne in Teichen gezüchteten, feinen Speisefisches in den Spätherbst und zum Winterbeginn, so freut sich der Sportfischer auch im Laufe des Jahres über den Fang eines ein bis drei Kilogramm schweren Karpfens. Aufgrund seines hohen Gewichts muss der Karpfen entweder in dickere Scheiben geschnitten oder der Länge nach geteilt auf den Heißräucherrost gelegt werden.

Kliesche

Kennzeichen der Kliesche ist die bräunlich-dunkle Oberseite, die mit rauen Schuppen besetzt ist. Sie wird nur selten über 40 Zentimeter groß und erreicht ein Gewicht von durchschnittlich 720 Gramm. Ihre Fanggebiete liegen in der Nordsee und an der Atlantikküste bis zur Biskaya, an der norwegischen Küste bis zur Barentssee sowie in Gebieten um Island und die Färöer-Inseln.

Das Fleisch der Kliesche ist dem der Scholle ähnlich.

Lachs

Die ersten drei Jahre seines Lebens verbringt der Jungfisch im Süßwasser, dann zieht es ihn hinaus aufs Meer. Geradezu legendär ist seine Wanderung vom Pazifik oder Atlantik in die großen Flüsse Amerikas und Europas bis hin nach Sibirien, wo in klaren Wassern seine Laichgründe liegen. Die Fangzeit für den Sportfischer sind die Monate Mai bis August, in denen der Lachs die Flüsse zum Laichen „hinaufsteigt", denn dann zeigt er sich fettreich und mit hellrotem Fleisch. So im wahrsten Sinne des Wortes mit allen Wassern gewaschen, hat ein kleinerer atlantischer Lachs mit einem Gewicht von rund zwei bis vier Kilogramm schon eine durchschnittliche Länge von 60 bis 70 Zentimetern.

Für den Räucherfreund ist der Lachs schlechthin der „König" unter den Fischen. Kaltgeräuchert wird er in „Seiten", also der Länge nach, gespalten und entsprechend vorsichtig fein gewürzt.

Makrele

Dieser Schwarmfisch kommt im Atlantik wie in der Nordsee und in der Ostsee vor und lebt von Heringen, kleinen Dorschen, Sardinen und Sprotten, aber auch von Plankton. Ebenso wie grüne Heringe, überaus preisgünstig, wird die Makrele dem Fischfreund im Binnenland auf den Fischmärkten angeboten. Sie gilt als überaus fettreich und ihr Fleisch ist von fester Konsistenz. Zum Räuchern eignet sie sich am besten in einer Länge von 30 bis 40 Zentimetern.

Merlan

Der Merlan gehört zur Familie der Schellfische. Er wird bis zu 70 Zentimeter lang. Zu seinem Verbreitungsgebiet zählen der Atlantik von der Straße von Gibraltar bis zu den Lofoten, das Mittelmeer und das Schwarze Meer.

Bei unseren Nachbarn in Frankreich ist der Merlan für die Küche überaus beliebt. Sein Fleisch ist sehr fettarm, weiß und von dezentem Geschmack.

Nase

Dieser Schwarmfisch lebt als Grundfisch in ganz Mitteleuropa. Er hält sich nur in Flüssen mit guter Wasserqualität auf, wird bis zu 50 Zentimeter lang und 2 Kilogramm schwer. In Franken wird die Nase auch Speier genannt, weil sie nach dem Fang einen Teil ihrer Nahrung ausspeit.
Obgleich einige Sportfischer diesen einst massenhaft vorkommenden Fisch gerne verspeisen, kann er für das Räuchern nicht empfohlen werden: Sein Fleisch hat zu viele Gräten.

Rapfen

Im Main erreicht der Rapfen, auch als Schied unter Anglern bekannt, eine Länge von einem Meter! Dieser Raubfisch ernährt sich vorwiegend von Jungfischen.

Zum Räuchern ist dieser grätenreiche Fisch nur dann zu empfehlen, wenn einem ein größeres Exemplar an die Angel geht.

Rotbarsch

Das rote Aussehen gibt diesem attraktiven Schwarmfisch den Namen. Beim Anfassen ist aber Vorsicht geboten: An den Kiemen und an den Brust- und Rückenflossen sitzen seine unangenehmen Stacheln. Bei einer Länge von 30 bis 50 Zentimeter erlangt dieser Fisch ein Gewicht bis zu 2,5 Kilogramm; die größten Exemplare sind bis zu einem Meter lang und wiegen dann etwa 15 Kilogramm. Der Rotbarsch ernährt sich von kleineren Fischen wie auch von Weichtieren und Krebsen. Seine Heimat sind die Küsten des nördlichen Atlantiks.

Man unterscheidet den dunkelroten Tiefseerotbarsch mit magerem Fleisch und den relativ fettreichen goldgelben Rotbarsch. Zum Räuchern als Filet eignen sich beide: Man räuchert die Filets oder schneidet größere Exemplare in Scheiben. Bei längerer Kühllagerung sollten der Haltbarkeit wegen bei den Filets die Fettansätze an Rücken und Bauch weggeschnitten werden.

Rotauge

Das Rotauge, auch Plötze genannt, ist unter den mittel- und osteuropäischen Fischen sozusagen eine Massenware; dieser Fisch gilt als überaus robust und nicht gerade als anspruchsvoll, was die Wasserqualität betrifft. Das Rotauge gedeiht auch gut in Baggerseen und im Brackwasser der Ostsee. Es ernährt sich vor allem von Schnecken, Jungfischen, Würmern und Pflanzen. Als Speisefisch ist es sowohl zum Filetieren als auch zum Räuchern gut geeignet.

Rotfeder

Die Rotfeder dagegen wird als Speisefisch weniger geschätzt, auch wenn sie dem Rotauge sehr gleicht: Sie kann zwar bis zu 50 Zentimeter lang und 1,5 Kilogramm schwer werden – doch zumeist bleibt sie kleinwüchsig und weist dann zu viele kleine Gräten auf.

Rutte

Die Rutte lebt im Brackwasser der Ostsee wie auch in sauerstoffreichen Flüssen und Seen mit steinigem Grund. So kommt sie auch in Osteuropa vor und bewohnt den Baikalsee. In mitteleuropäischen Regionen wird die Rutte vor allem im Spätherbst und im Winter gefangen. Wegen ihres torpedoförmigen Körpers ist sie ein besonderer Fisch. Sehr begehrt ist sie auch als Speise- und Räucherfisch, weil ihr Fleisch besonders schmackhaft und grätenlos ist.

Schellfisch

Zu Hause ist der Schellfisch im Atlantik wie auch in der Nordsee. Er ernährt sich vorwiegend von Fischlaich, Jungfischen, Muscheln und Würmern.

Am begehrtesten ist Schellfisch in der zweiten Jahreshälfte; er wird dann in Längen von 35 bis 70 Zentimetern gefangen. Geräuchert wird er in Stücken und nur leicht gesalzen. In diesem Zustand wird Schellfisch auch als „smoked haddock" oder bei den Finnen als „haddie" gehandelt.

Schleie

Der sehr schleimigen Oberhaut, unter der die kleinen Schuppen liegen, verdankt dieser Fisch seinen Namen. Die Schleie wird unter Anderen als Nebenfisch in Karpfenteichen großgezogen. Sie lebt aber auch in Naturgewässern mit weichem Boden und reichlichem Pflanzenbewuchs. Dieser Fisch wächst sehr viel langsamer als der Karpfen; seine Größe als Portionsfisch erreicht er in den ersten drei Jahren mit einem Gewicht von 200 bis 300 g.

Wenn die Schleie auch als Speisefisch geschätzt wird – es muss darauf hingewiesen werden, dass sie sehr grätenreich ist.

Scholle

Dieser Plattfisch sucht an den atlantischen Küsten in Europa seine Nahrung vorwiegend in Muschelgründen, genießt aber auch Würmer und Krebse. Schollen können bis zu 95 Zentimeter lang und 7 Kilogramm schwer werden.

Beim Räuchern der Scholle – am besten teilt man sie längs – muss darauf geachtet werden, dass das feine weiße Fleisch nicht zerfällt.

Seehecht

Der Seehecht wird sowohl im Atlantik und in der Nordsee als auch in großen Mengen vor der Südküste Afrikas und vor Südamerika gefangen. Ausgewachsene Exemplare erreichen eine Länge bis zu einem Meter und ein Gewicht von zehn Kilogramm.

Der Seehecht gehört hierzulande noch zu den weniger bekannten Fischarten; er ist jedoch im Handel da und dort erhältlich. Der wohlschmeckende Fisch wird als Filet oder als ganzer Fisch frisch oder tiefgefroren angeboten. Sein Fleisch ist herrlich weiß und fest und eignet sich auch – im Filet oder in Scheiben geschnitten – gut zum Räuchern und Grillen.

Seezunge

Das Verbreitungsgebiet der Seezunge reicht vom Mittelmeer über die westeuropäischen Küsten, die Nordsee und die westliche Ostsee bis hin zur norwegischen Küste. Dieser Fisch wird zwar bis zu 60 Zentimeter lang, in der Regel aber in Größen von nur 30 bis 40 Zentimetern gefangen.

Steinbeißer

Ein breiter und runder Kopf, die sichtbaren Zähne sowie ein rücken- und bauchseitiger Flossensaum kennzeichnen diesen hell gefleckten beziehungsweise dunkel quergestreiften Fisch, der mehr als einen Meter lang wird und auch Seewolf oder Katfisch genannt wird. Er ernährt sich von dickschaligen Muscheln und Krebstieren. Sein Verbreitungsgebiet erstreckt sich vom hohen Norden bis zu den südlichen Gebieten des Nordatlantiks.

Das helle Fleisch des Seewolfs weist einen besonderen arteigenen Geruch und Geschmack auf. Angeboten wird er auch als „Karbonadenfisch", filetiert oder in Stücken geräuchert.

Steinbutt

Der Steinbutt hat einen fast kreisrunden Körper. Die steingraue Haut und die knorpeligen, steinartigen Höcker auf der dunklen Körperseite geben ihm den Namen. Er wird in der Nordsee, in der Ostsee, im Mittelmeer, im Schwarzen Meer und entlang der atlantischen Küsten gefangen. Seine Durchschnittslänge beträgt im fünften Lebensjahr etwa 30 Zentimeter.

Frisch oder tiefgefroren wird der hochgeschätzte, seltene Edelfisch in den Fischhandlungen angeboten. Das äußerst schmackhafte Fleisch des Steinbutts ist sehr wertvoll: Es erhält 1,7 Prozent Fett und 17 Prozent Eiweiß – an ihm erfreut sich jeder Gourmet.

Stöcker

Er ist der Makrele ähnlich und kommt mit ihr gemeinsam vor – dennoch ist er keine Makrele. Im Handel wird er jedoch als Holzmakrele oder Bastardmakrele angeboten. Er unterscheidet sich von der Makrele in der Farbe und durch die Schuppenschilder im Seitenlinienbereich. Zum Räuchern ist er ebenfalls ideal.

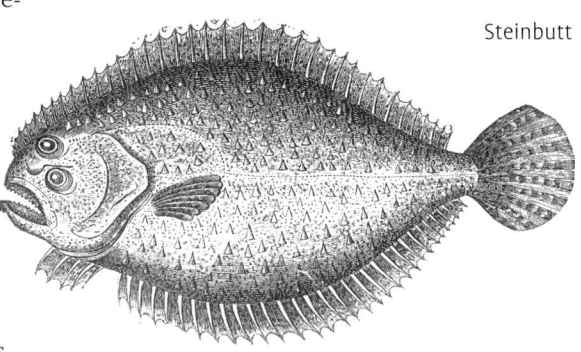

Steinbutt

Wels

Der Wels lebt in Mitteleuropa, vor allem in der Donau, in der Elbe und im Oberrhein – doch nur dort, wo eine gute Wasserqualität vorherrscht. Darüber hinaus ist er auch in den Weihern der Fischzüchter anzutreffen. Er ist ein wundervoll anzusehender, geradezu urweltlicher Fisch, der eine Länge von drei Meter erreichen kann und ein Gewicht von 150 Kilogramm! Dieser nachtaktive Räuber ernährt sich zwar als Jungfisch von Plankton-Organismen, später jedoch überwiegend von Artgenossen, Kleinsäugern und Jungvögeln.

Der Wels ist neben dem Lachs der „König" der Süßwasserfische Europas. Wegen seines grätenlosen, weißen Fleisches ist er als Speisefisch besonders begehrt. Zum Räuchern muss man ihn natürlich portionieren, filetieren oder in Scheiben schneiden.

Wittling

Der Wittling oder Merlan gehört zu den kleineren Arten der kabeljauartigen Fische. Er ist meist weniger als 30 Zentimeter lang. Sein Verbreitungsgebiet ist ähnlich wie beim Kabeljau. Der Wittling ist leicht an einem schwarzen Punkt an der Basis der Brustflosse zu erkennen. Zum Räuchern eignet er sich gut.

Zander

Der Zander lebt in Flüssen und Seen in ganz Mitteleuropa und auch in salzärmeren Bereichen der Ostsee. In der Aufzucht ernährt er sich vorwiegend von kleinen Wassertierchen, später aber zeigt er sich ganz als Räuber wie der Hecht, der sich an kleine Fische hält.

Zum Räuchern geeignet ist der Zander am besten in mittleren Längen von über 50 Zentimetern. Kleinere Exemplare, die auch in Teichen gezüchtet werden, räuchert

man in ganzen Stücken, einen größeren Zander wird man auch in Scheiben aneinandergereiht in den Räucherofen geben. Es ist darauf zu achten, dass die Räucherung sich nicht über einen zu langen Zeitraum hinzieht, denn das würde das feste, feine weiße Fleisch „strohig" machen.

Fische fangen und kaufen

Dass nur frische, auf Eis gekühlte oder frisch eingefrorene Fische zum Räuchern gut sind, ist mehr als eine Binsenweisheit: Es ist auch ein Muss zum Vorbeugen gesundheitlicher Schäden. Hat man nicht die absolute Garantie für diese Frische, weil man die Fische nicht selbst fangen konnte, dann ist es gut, über einige Tipps beim Kauf Bescheid zu wissen:

- Unbedingt sollte man einen Blick in die Kiemen des begehrten Fisches werfen. Sind diese noch leuchtend bis hellrot, kann man davon ausgehen, einen frischen Fisch vor sich zu haben. Sind die Kiemen bereits bräunlich, lässt man lieber die Finger davon.
- Ebenso, wenn ein penetranter Fischgeruch zu bemerken ist. Der Fisch soll zwar nach Meer, nicht aber aufdringlich nach Fisch riechen. Ein gutes Zeichen für die Frische sind die Augen: Sie sollen noch klar, glänzend und nicht blind aussehen.
- Die Haut des Fisches sollte glatt und glänzend wirken und nicht runzelig, matt, schlierig oder dunkelfleckig sein.
- Im Binnenland ist zu beachten, dass Fische direkt von der Angel oder aus dem Netz – eben Fische aus Weihern und Teichen – vor dem Töten gut fünf Tage lang „ausgenüchtert" werden; das geschieht in frischem Wasser, mit einer Temperatur nicht über 20 °C. Ohne diese Reinigung besteht zum Beispiel bei den im Schlamm wühlenden Karpfen die Gefahr, dass sie nicht gut

Beim Kauf von auf Eis gelagerten Fischen ist es ratsam, einen Blick in die Kiemen zu werfen.

riechen und schmecken – man sagt landläufig, dass sie „mooseln“.

* Wer fangfrische Tiere aus gewerblichen Teichwirtschaften kauft, kann davon ausgehen, dass sie vor dem Schlachten und dem Verkauf einige Tage lang in sauberem Wasser futterfrei gehältert wurden und genüchtert sind. Letzteres bedeutet, dass die Fische ihren Darminhalt abgesondert haben. Das ist eine der Vorsichtsmaßnahmen, um eventuelle, im Kot der Fische festgesetzte Krankheitskeime zu vermeiden oder auszusondern; die dazu benutzten Becken werden laufend desinfiziert – ein Grund mehr, auch Fische von gewerblichen Unternehmen zu kaufen.

Preise

Die Preise für Seefische sind entsprechend der Jahreszeit sehr unterschiedlich. Am günstigsten und zu bevorzugen sind deshalb immer jene Fische, die in großen Mengen auf den Märkten feilgeboten werden. Bei den Süßwasserfischen bestimmen vor allem die Größe und der Anteil der Gräten den Preis.

Große Fische sind deshalb oft viel teurer als kleine Exemplare. Beim Hecht und Zander sind die großen Fische dagegen oft billiger als die kleinen. Der Aal gilt als der teuerste Süßwasserfisch. Als grobe Orientierung kann man für Süßwasserfische folgende Reihenfolge im Preis nennen: Aal, Forelle, Karpfen, Schleie, Hecht, Zander, Barsch, Brachse und Rotauge.

Wie kann man das Alter von Fischen bestimmen?

Das ist für den Fischbiologen sicher eine einfachere Sache als für den normalen Fischfreund. Der Biologe stützt sich auch auf sein Wissen über die Kiemendeckel, den Wirbelkörper und die Gehörsteine, während der begeisterte Angler sich am ehesten mit der Untersuchung der Schuppen auskennt: Mit Hilfe einer Lupe, die 10- bis 30-fach vergrößert, und über beleuchtetem Hintergrund lassen sich an den Schuppen deutliche Zuwachsstreifen erkennen: Es gibt Zonen mit engeren („Winterleisten“) und solche mit weiter auseinander liegenden („Sommerleisten“) Streifen. Eine Winter- und eine Sommerzone ergeben einen Jahresring.

Das Wachstum eines Fisches hängt von vielerlei Faktoren ab, vor allem natürlich vom Nahrungsangebot, vom Klima wie auch vom Alter. Selbst im Verlauf eines Jahres ist das Wachstum nicht gleich: Natürlich wächst der Fisch im Sommer viel stärker als im Winter; in der kalten Jahreszeit ist das Wachstum zumeist ganz eingestellt. Bei älteren Fischen werden die neuen Zuwachszonen immer kleiner, oft sind sie gar nicht mehr zu erkennen.

Nehmen wir zum Beispiel den Hecht: Er erreicht in seinem dritten Lebensjahr eine Länge von 30 Zentimeter und ein Gewicht von 0,2 Kilogramm. In seinem fünften Sommer misst er bereits einen halben Meter und wiegt ein Kilogramm. Acht- bis zehnjährige

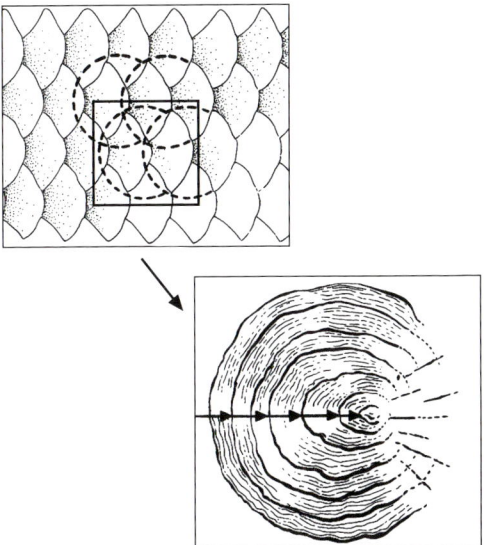

Anhand der Jahresringe an den Schuppen kann man das Alter von Fischen leicht bestimmen.

kommen aus dem Schwarzen Meer und schwimmen von dort die Donau und ihre Nebenflüsse hoch, um zu ihren Laichplätzen zu kommen.

Wenn schon die Rede von kapitalen Süßwasserfischen ist, sollte der Wels nicht vergessen werden. Erzählt wird, dass diese Fische ein Gewicht von bis zu 100 Kilogramm erreichen können. Will man den Gelehrten István Gáti aus Ungarn nicht eines Fischerlateins bezichtigen und seinem Werk „Historie der Natur" – Ende des 18. Jahrhunderts erschienen – Glauben schenken, dann sollen Welse aus der Theiß ganze Gänse verschluckt haben, Pferdebeine erfasst und in die Tiefe gezogen und Frauen beim Wäschewaschen an Flüssen die Wäsche entrissen haben.

Hechte werden bis zu 90 Zentimeter lang und 4,6 Kilogramm schwer. Das Idealgewicht eines zwölfjährigen Hechts wird mit rund acht Kilogramm und einer Länge bis zu einem Meter angegeben. Hechte können bis zu 50 Jahre alt werden; der Aal erreicht sogar ein Alter bis zu 80 Jahren.

Als überaus schnellwüchsig sind Regenbogenforellen einzustufen. Sie werden oft bereits in ihrem zweiten Lebensjahr 40 Zentimeter lang, in sechs Jahren dann bis zu über einem halben Meter. In mitteleuropäischen Gewässern erreichen sie ein Gewicht von acht bis zehn Kilogramm.

Kleinere Fischarten haben eine Lebenserwartung von nur wenigen Jahren. Alt wird vor allem der Karpfen, der bis zu 40 Lenze „auf dem Buckel" haben kann.

Ein geradezu „urzeitliches Vieh" ist der Stör; angeblich kann er über 100 Jahre alt werden. Diesem „Methusalem" wird sogar nachgesagt, dass er bis zu acht Metern lang wird. Solche stattlichen Wasserbewohner

Fische transportieren und lagern

Am besten ist es natürlich, wenn die Flossentiere noch lebend von den Fanggründen direkt nach Hause transportiert werden; das kann in Plastikbehältern geschehen, die entsprechend verschließbar und mit Lüftungen versehen sind. Nach der Lebensmittelhygiene-Verordnung ist dabei zu beachten, dass lebende

Aale können vor dem Töten in einer Salmiakgeist-Wasser-Mischung (1 : 50) betäubt werden.

Speisefische nur in Behältern transportiert und aufbewahrt werden dürfen, deren Wasservolumen den Tieren ausreichende Bewegungsmöglichkeiten bietet. Unverträgliche Fische müssen voneinander getrennt gehalten werden: also Raubfische von Friedfischen absondern! Zudem ist den Ansprüchen der einzelnen Arten an Wasserqualität, Temperatur und Licht Rechnung zu tragen. Insbesondere müssen ausreichender Wasseraustausch und eine ausreichende Sauerstoffversorgung der Tiere sichergesellt sein. Sollte trotz aller Vorsichtsmaßnahmen mal einer der Fische verenden, ist er unverzüglich aus dem Behältnis zu nehmen.

Bewährt hat sich die Styropor-Verpackung, so wie man sie auch als Verpackung von zerbrechlichem Gut ins Haus geliefert bekommt; damit lässt sich starke Wärmeeinstrahlung abhalten. Es ist gut, sie stets im Kofferraum zu haben.

> **Gut verpackt ist halb gekühlt**
>
> Hat man einmal kein „Kühlgerät" dabei und bekommt zufällig Fische von Freunden geschenkt, dann reicht schon eine Zeitung, um die Fische darin einzuschlagen und sie etwas zu kühlen. Sie sollten jedoch zuvor in eine Plastikfolie gegeben werden, um sie so vor Druckerschwärze zu schützen.

Beim Transport von gefrorenem Fisch ist zu beachten, dass die so genannte Kühlkette nicht unterbrochen werden darf. Wenn es doch einmal passiert, muss das Kühlgut sofort in eine Lake gelegt werden, um es schnellstmöglich räuchern zu können.

Werden die Fische jedoch unmittelbar nach dem Fang getötet, sollte dies in einem Korb oder Plastikeimer geschehen, der frei ist von jeglichen Ablagerungen. Am besten ist natürlich ein aus Weidenruten geflochtener Anglerkorb mit Blätter- oder Grasabdeckung.

Der einst klassische Transport über lange Wegstrecken war und ist es auch heute noch, die Fische entweder auf Eis zu lagern oder schichtweise zwischen frisch abgebrochenen Zweigen und dann immer schnellstmöglich an Ort und Stelle zu bringen. Man muss jedoch unbedingt vorsorgen, dass das Eis auch hält und nicht gleich zu Eiswasser wird, denn das würde den Fisch schließlich auslaugen und ihn in seiner Qualität und Frische mindern.

Man sollte immer an das alte Sprichwort denken, dass der Fisch am Kopf zu stinken beginnt. Konkret heißt das also: Riecht der Kopf penetrant „fischig", kann man gleich den ganzen Fisch wegwerfen.

Hat man die Fische einmal zu Hause, dann sollte man sie möglichst gleich säubern, mit fließendem Trinkwasser ausspülen und in den Kühlschrank legen. Dort dürfen keinesfalls gleichzeitig stark riechender Käse oder andere Milchprodukte lagern.

Fische betäuben und töten

Es gibt Fischer, die gerne einen lebenden Köderfisch verwenden und behaupten, dass Fische keinen Schmerz spüren. Doch es gilt auch für diese Kreatur Gottes: Man soll nie ein Tier quälen! Zudem ergaben neuere wissenschaftliche Forschungen: Auch Fische besitzen ein dem menschlichen Schmerz ähnliches Empfinden und auch sie erfahren leidensartige Belastungen. Zum Beispiel erhöht sich ihre Atemfrequenz nach einem Ruck am Angelhaken, das Tier speit Schwimmblasenluft aus, der Körper sondert mitunter auch Schleim ab und dadurch können die Kiemen verkleben.

Menschen begründen das angeblich fehlende Schmerzempfinden bei Fischen mit der Tatsache, dass diese Tiere keine Großhirnrinde haben. Sicher erschwert eine solche Tatsache die Beantwortung der Frage, ob

Aale müssen durch einen die Wirbelsäule durchtrennenden Stich hinter dem Kopf getötet werden.
Dafür gibt es spezielle Aaltöter.

Fische – im Sinne unserer Vorstellung –
Schmerzen verspüren. Andererseits haben
Fische jedoch nahezu alle anderen physiolo-
gischen und anatomischen Voraussetzungen,
um Schmerzen zu erleben. „In einer neueren
Studie", so schreibt G. Bernatzky im „Buch
vom Tierschutz", „konnten wir z. B. die Substanz P, einen Schmerzreiztransmitter, auch
bei Forellen sowohl in der Haut als auch im
Nervensystem nachweisen."

Auch im Tierschutzgesetz der Bundesrepublik Deutschland ist es so verankert: „Nie-
mand darf einem Tier ohne vernünftigen
Grund Schmerzen, Leiden oder Schäden
zufügen." Zudem sagt der Gesetzgeber, dass
„Fische, deren Fleisch zum Genuss für den
Menschen bestimmt ist, vor dem Schlachten
zu betäuben sind. Diese Betäubung hat durch
wuchtige Schläge auf den Kopf oberhalb der
Augen mit einem genügend schweren Gegen-
stand zu geschehen. Die Betäubung kann
auch in einem zuverlässig wirkenden elektrischen Fischbetäubungsapparat erfolgen.
Sofort nach der Betäubung sind die Fische zu
schlachten."

Spezielle Fischtöter gibt es in allen Anglergeschäften. Plattfische sind durch einen

schnellen Schnitt zu töten, der die Kehle und
die Wirbelsäule durchtrennt. Aale – wenn sie
nicht gewerbsmäßig oder höchstens bis zu
einer Zahl von 30 Tieren pro Tag gefangen
und verarbeitet werden – müssen durch
einen die Wirbelsäule durchtrennenden Stich
hinter dem Kopf und sofortiges Herausnehmen der Eingeweide, einschließlich des Her-
zens, geschlachtet oder getötet werden,
schreibt das Tierschutzgesetz vor.

Wer vor hat, Fische in größeren Mengen
zu räuchern, der sollte sich vielleicht ein
elektrisches Fischbetäubungsgerät zulegen,
das bei einer geringen Spannung von 24 Volt
für den Menschen keinerlei Risiko eines
Stromschlags heraufbeschwört. Bei den
Aalen kann das Betäuben auch mit Salmiakgeist erfolgen. Man erhält ihn in Drogerien,
Apotheken und Reformhäusern. In einem
abschließbaren Behälter mischt man Salmiakgeist im Verhältnis von 1:50 mit kaltem
Wasser und gibt dann die Aale hinein. Das
hat zugleich den Vorteil, dass sie sich – wie
auch andere Fische – entschleimen. Die
ganze Sache geht schnell; in einer guten
Viertelstunde sind die Fische betäubt und
können dann geschlachtet werden. Wichtig
ist bei dieser Methode, dass die Fische nach
diesem Salmiakbad gut mit kaltem Wasser
abgespült werden.

Fische entschleimen, entschuppen und ausnehmen

Entschleimen

Vor allem bei Fischen mit hartnäckigem
Schleimmantel ist es ratsam, sie für eine
Viertelstunde in eine Mischung aus Salmiakgeist und Wasser im Verhältnis 1:50 zu
legen, sie dann mit Trinkwasser abzuspülen
und trocken zu reiben.

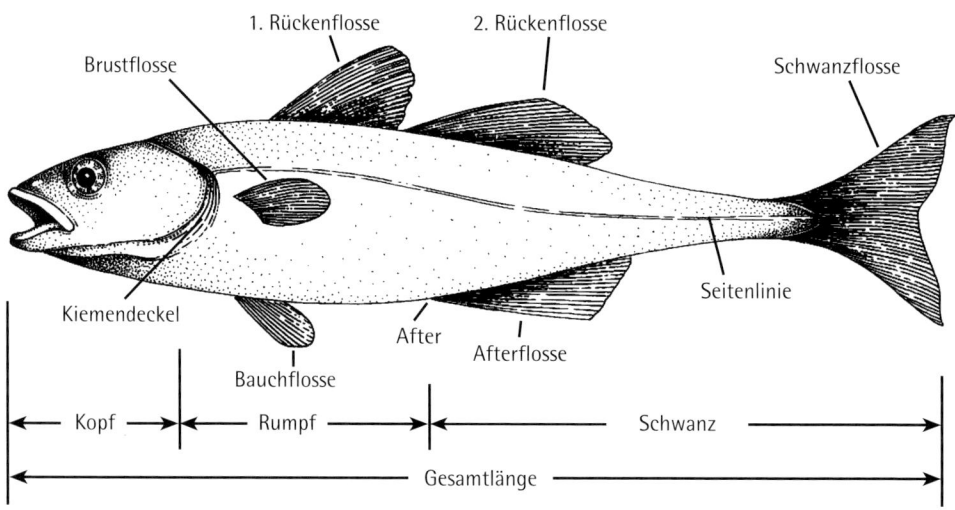

1. Rückenflosse   2. Rückenflosse

Brustflosse   Schwanzflosse

Kiemendeckel

After

Afterflosse

Bauchflosse

Seitenlinie

Kopf   Rumpf   Schwanz

Gesamtlänge

Ein Fisch im Detail.

Entschuppen

Es ist mühsam, mit einem Messer gegen die
Schuppen zu schaben. Deshalb lohnt es sich,
in einem Sportangler- oder Haushaltsgeschäft ein Gerät zum Entschuppen zu kaufen,
denn damit geht es leichter. Mehrmaliges
Abspülen folgt.

Ausnehmen

Ganz gleich wo man das Messer ansetzt, um
die Bauchdecke des Fisches aufzuschlitzen –
ob von den Kiemen oder vom Weidloch her
– wichtig ist, dass das Messer spitz ist und
die Klinge scharf. Zuvor sollte man den Fisch
trocken reiben, damit er einem beim Ausnehmen nicht entgleitet; oder man zieht Arbeitshandschuhe an, um ihn so fest in den Griff zu
kriegen. Zu achten ist vor allem darauf, Innereien und Gedärme nicht zu verletzen und
das frische Fischfleisch dadurch zu verunrei-
nigen. Besonders beim Öffnen der Bauchdecke vom Afterloch her ist diese Gefahr groß;
in der Regel schlitzt man gleich auch die

Gedärme an und hat so dann mehr Arbeit
beim Reinigen.

Die Kiemen sollten auf jeden Fall entfernt
werden, sie enthalten viel Blut und Schleim
und verderben daher sehr leicht. Zudem
könnten sie später beim Räuchern auslaufen
und das Goldgelb der geräucherten Fische
mit unschönen Schlieren verunstalten.

Bauchinhalt und Kiemen sind schnellstens
dorthin zu entsorgen, wo sie den Küchenge-
ruch nicht übel riechend machen, also in die
Mülltonne oder in das WC. Nimmt man den
Fisch an Ort und Stelle aus, sollte man die
Innereien am besten vergraben.

Nematoden keine Chance geben

Nach dem Lebensmittelskandal im Sommer
1987, als Nematoden (Fadenwürmer) in
Seefischen festgestellt wurden, erließ das
Bundesgesundheitsministerium eine neue
Verordnung über gesundheitliche Anforde-
rungen an Fische und Schalentiere. Diese
Vorschriften besagen, dass bei der Hochsee-
und Küstenfischerei die Fische gleich nach

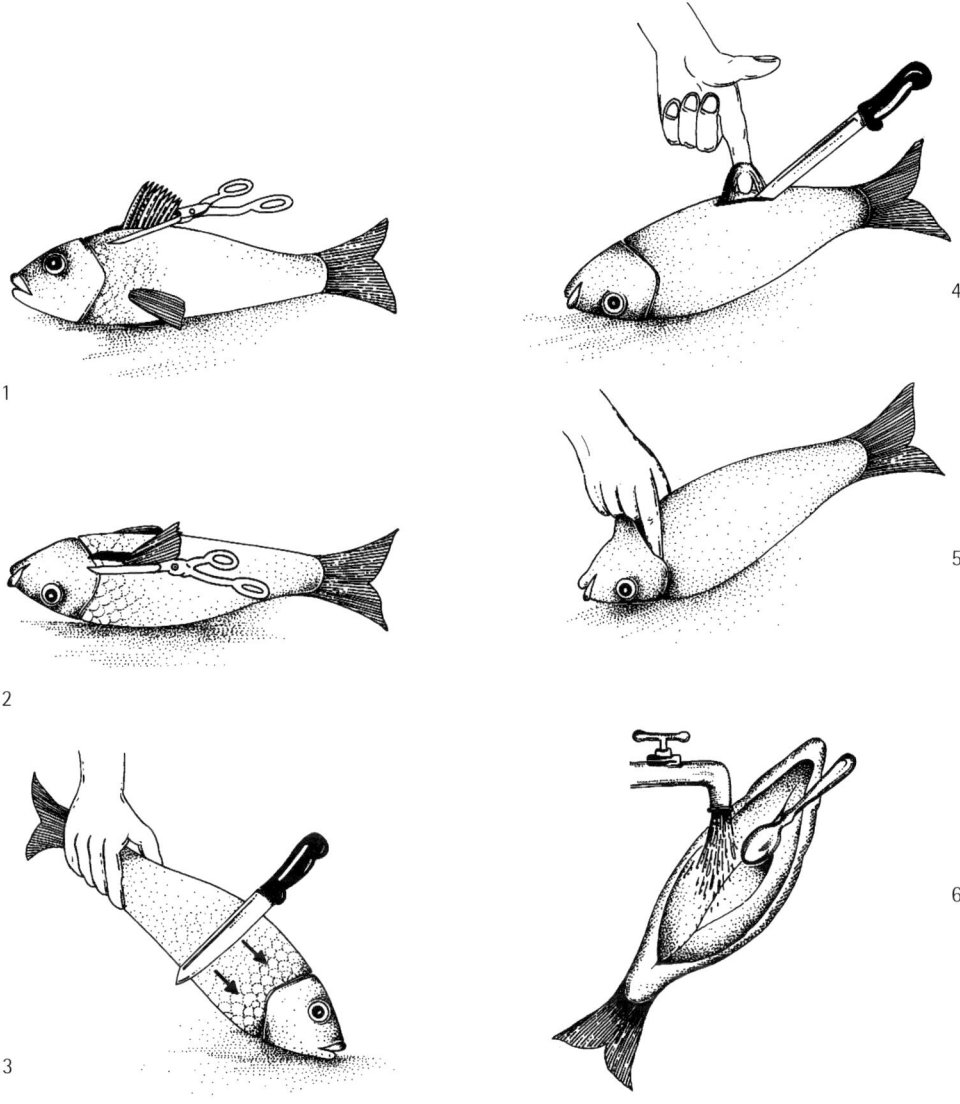

So nehmen Sie einen Fisch aus:
1 Schneiden Sie mit einer starken Küchenschere die Rückenflosse ab.
2 Schneiden Sie anschließend die seitlichen Flossen und die Bauchflossen ab. Kopf und Schwanz bleiben dran.
3 Kratzen Sie die Schuppen ab. Das geht am besten mit einem großen scharfen Messer oder mit einem speziellen Gerät zum Entschuppen.

4 und 5 Nehmen Sie den Fisch aus: Schneiden Sie dazu den Bauch vom After oder von den Kiemen her auf. Entfernen Sie die Eingeweide und die Kiemen.
6 Waschen Sie den Fisch unter fließendem Wasser innen und außen gut ab und entfernen Sie Reste von Blut entlang des Rückgrates mit Hilfe eines Löffels.

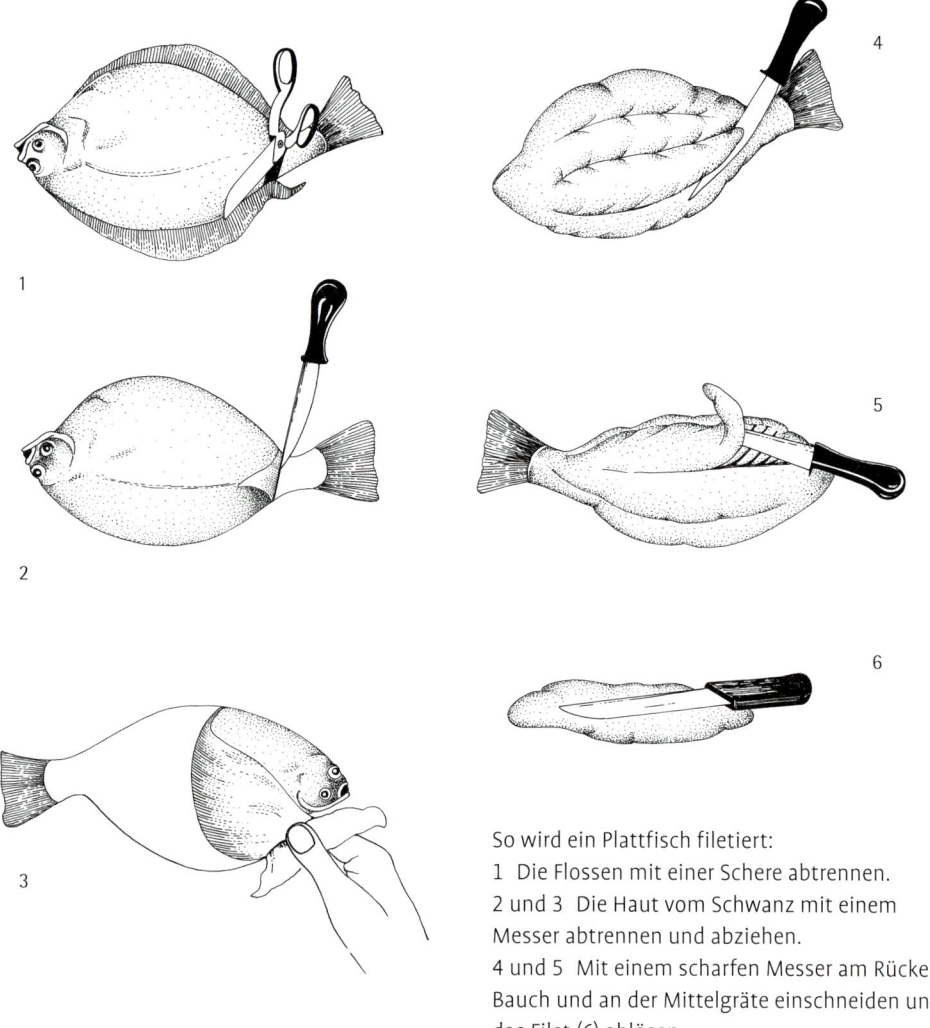

So wird ein Plattfisch filetiert:
1 Die Flossen mit einer Schere abtrennen.
2 und 3 Die Haut vom Schwanz mit einem
Messer abtrennen und abziehen.
4 und 5 Mit einem scharfen Messer am Rücken,
Bauch und an der Mittelgräte einschneiden und
das Filet (6) ablösen.

dem Fang ausgenommen werden müssen.
Damit will man verhindern, dass Nematoden
von den Eingeweiden ins Fischfleisch gelangen und somit beim Verzehr die Gesundheit
gefährden.

   Ist die Fischleber stark mit Nematoden
befallen, sollte man am besten gleich auf den
ganzen Fisch verzichten. Fischteile, die erkennbar lebende oder tote Nematoden enthalten, müssen auf alle Fälle entfernt werden.

Fische sauber ausnehmen
Sauberkeit ist beim Ausnehmen der gefangenen
oder gekauften Fische oberstes Gebot. Nach-
dem man den Fisch gründlich ausgespült hat,
sollten noch mit einem Teelöffel rückständiger
Schleim, Blut oder Nierenreste entlang des
Rückgrats abgeschabt werden; darin enthaltene
Bitterstoffe werden so entfernt.

Fische filetieren

Filetieren muss geübt werden. Auch hier ist ein scharfes, spitzes Messer mit möglichst dünner Klinge unabdingbar. Für den Hausgebrauch kommen Fische mit einem Gewicht zwischen 200 und 500 g in Frage.

Am besten geht man so vor: Während man den Fisch am Kopf oder an den Kiemenöffnungen festhält, schneidet man ihn an der Rückengräte entlang auf bis zur Schwanzwurzel hin, man trennt zugleich die beiden Fischhälften von der Mittelgräte und legt diese damit frei. Dann trennt man die beiden Filets zu beiden Seiten des Kopfes und des Schwanzes mit einem Schrägschnitt ab.

Danach wird der Fisch vom Bauch her weiter bearbeitet, indem man ebenfalls wieder mit dem Messer an der Mittelgräte entlang fährt. Wie flach man das Messer dabei halten muss, ist Übungssache. Am besten nimmt man dazu ein Messer mit einer möglichst dünnen Klinge oder auch ein Keramikmesser.

Eine weitere Filetiermethode: Zuerst werden Kopf und Schwanz mit Schrägschnitten vom Rumpf getrennt und Rücken- wie Afterflossen abgeschnitten, mit einem Messer und einer stabilen Schere, so wie man sie in Werkzeugmärkten kaufen kann. Sorgsam wird dann mit der Messerspitze an der Rückengräte entlang gefahren; man löst die beiden Filetstücke von den Gräten. Zuerst wird das Rückgrat vom Fleisch entfernt und anschließend die noch verbliebenen Bauchgräten; die Filets müssen auf jeden Fall völlig grätenfrei sein. Ganz zum Schluss wird dann die Haut abgezogen.

Größere Fische in Scheiben schneiden

Da der Normalverbraucher kaum eine entsprechend große Räucherkammer oder einen solchen Räucherofen hat, muss er größere Fische wie etwa Kabeljau, Seelachs, Steinbutt und Karpfen in portionsgerechte Scheiben schneiden. Zuerst schneidet man gleich nach dem Ausnehmen Kopf und Schwanz ab; dann teilt man den Fisch mit Querschnitten in Scheiben oder Steaks, etwa fünf Zentimeter dick. Dabei ist von vornherein darauf zu achten, die Scheiben oder die Filets gleich groß zu portionieren; nur dann werden sie beim Einsalzen gleichermaßen von der Lake durchdrungen und beim Räuchern gleichmäßig gar. Bei unterschiedlich großen Teilen besteht die Gefahr, dass dickere Teile nicht durchtränkt sind.

Frische Fische einfrieren

Wenn man Fische einfrieren muss, weil man gerade keine Zeit für die Räucherprozedur hat, so muss dies unmittelbar nach dem Fang und ohne längere Zwischenlagerung im Kühlschrank geschehen. Auch hier gilt, dass die Fische nochmals fein säuberlich gewaschen und anschließend abgerieben werden. Aus der Bauchhöhe sollte man das Reinigungswasser abtropfen lassen. Die Kiemen sind zu entfernen.

Größere Fische müssen vor dem Einfrieren entweder filetiert oder in Scheiben geschnitten werden.

Am besten sollte jeder Fisch einzeln und vakuumverpackt werden. Besitzt man kein entsprechendes Gerät – in jedem Haushaltsgeschäft ist es erhältlich –, kann man den Plastiktüten mit dem Mund die Luft entziehen, sie anschließend fest zubinden oder mit einem Clip verschließen. Empfehlenswert ist auch ein Verpacken in mehrlagige oder

Ein Beispiel für gelungenes Filetieren:
1 Mit einem scharfen Messer den Kopf vom Rumpf
    abtrennen.
2 Den Fisch am Rückgrat entlang teilen.
3 Mit dem Messer auch noch den Fischbauch bis
    zur Schwanzflosse durchschneiden.
4 Beide Filets von der Hauptgräte lösen.
5 Das Ergebnis: zwei große Filets.

Schnell einfrieren
Beim Einfrieren unbedingt beachten: Hat man kein Schockgefrierfach, wird auf der höchst einstellbaren Stufe eingefroren.

dickere Alufolie. Dabei muss man die Folie möglichst eng um den Fisch wickeln, die Enden mehrmals einschlagen und Hohlräume vermeiden. Im Eifer des Einfrierens sollte man nicht vergessen, das Gefriergut zu beschriften: mit Inhalt, Datum des Einfrierens und Haltbarkeitsdauer.

Es ist davon abzuraten, sich bereits länger eingefrorenen Fisch von Supermärkten zum Zweck des Räucherns zu kaufen; denn man weiß meistens nicht, wie lange der Fisch schon als „Eisleiche" durch die Welt gekommen ist und ob die Kühlkette nicht doch unterbrochen wurde.

Feinarbeit beim Filetieren: Die noch verbliebenen Gräten kann man vom Filet mit einer Pinzette auszupfen.

Wenn sich auch darüber streiten lässt, wie lange man einem frischen Fisch den Aufenthalt im Tiefkühler zumuten kann, um ihn später zu räuchern – und ob er auch dann noch seine Verkoster erfreut – es gilt hier eindeutig die Faustregel: Je kürzer, umso besser!

Als Faustregeln für das Einfrieren von Fischen können die nebenstehenden Zeiten gelten.

Als Auftauzeiten sind zu kalkulieren: Im Kühlschrank tauen kleinere bis mittlere Fische in vier bis sechs Stunden, in der Küche bei Temperaturen um die 20 °C in zwei bis vier Stunden auf. Nach dem Auftauen sind die Fische erneut peinlichst genau unter fließendem Wasser zu reinigen. Vor dem Räuchern muss man den Fisch gut abtropfen lassen.

Empfehlenswerte Fische zum Einfrieren	Lagerzeiten in Monaten
Aal	1–2
Barsch	2–4
Felchen	2–4
Forelle	3–5
Hecht	3–7
Karpfen	2–3
Renke	2–4
Schleie	3–6
Weißfisch	2–4
Zander	2–4

Einsalzen

Alte seefahrende Nationen wussten bereits, dass Fische durch Einsalzen haltbar gemacht werden können; in Fässern bewahrten sie sie auf längeren Reisen auf. Noch heute nutzen wir dieses Wissen, auch beim Räuchern, denn der Rauch allein genügt für das langfristige Haltbarmachen nicht. Selbst Fische, die ein ganzes Leben lang im Salzwasser schwimmen, müssen vor dem Räuchern in ein Lakebad, denn ihr Fleisch ist oft nur zu etwa 0,24 Prozent mit Salzen angereichert. Nicht zuletzt gibt das Salz dem Fisch die richtige Würze, obwohl man es nicht zu den Gewürzen zählt.

Was das Salz bewirkt

Was bewirkt nun das Einlegen in ein höher konzentriertes Salzwasser? Zu vergleichen ist diese Konservierung etwa mit dem Einlegen verderblicher Ware in Alkohol. Das Salzwasser hemmt das Wachstum und die Vermehrung schädlicher Mikroorganismen oder verhindert ihre Entwicklung gänzlich – das ist ein Prozess, der durch das spätere Räuchern noch verstärkt wird.

Das Salz

„Salz gehört zu jeder Mahlzeit, und wer es sinnvoll darein tut, wird ein langes Leben haben, es fröhlich genießen, sich zum Wohl der Fortpflanzung in der Familie und zum Wohl des Gemeinwesens, denn Salz ist das Leben selbst", schreibt der griechische Arzt und Pharmakologe Dioskorides bereits im 1. Jahrhundert nach Christus.

Davon überzeugt sind auch Ernährungsphysiologen unserer Zeit. Prof. Dr. med. Hans Glatzel unterstreicht: „Der Mangel an Riech- und Schmeckstoffen beschleunigt den körperlichen und geistigen Verfall. Eine Kost mag noch so überreich sein an Proteinen, Fetten und Vitaminen, wenn sie nicht attraktiv riecht und schmeckt, ist sie wertlos."

Salz ist seit Urzeiten nicht nur zum Haltbarmachen von Fisch und Fleisch so wichtig, sondern auch für den Stoffwechsel, zur Herstellung des Gleichgewichts der Körperflüssigkeit und des Wasserhaushalts sowie für die Aktivierung der Organe. Einen erheblichen Wert hat Salz vor allem für das Funktionieren der Schilddrüse. Eine Gabe Salz kann sogar lebensrettend sein; und bei starkem Erbrechen und Durchfall muss dem Körper dringend Kochsalz zugeführt werden, damit Muskelkrämpfe vermieden werden.

Dem Menschen werden durch die Transpiration der Haut und durch die Nierentätigkeit ständig Wasser und Kochsalz entzogen. Es ist wichtig, für einen ausgewogenen Wasser-Salz-Haushalt zu sorgen; auch für die Verdauung, die Steuerung des Nervenssystems und den Speichelfluss.

Die empfohlenen Durchschnittsmengen für einen Menschen liegen bei einem täglichen Konsum von 2 bis 3 Liter Flüssigkeit und 6 bis 8 g Salz. Menschen mit einem extrem hohen Blutdruck billigt selbst die „Liga gegen den Bluthochdruck" mindestens zwei und höchstens sechs Gramm Salz am Tag zu, während ernst zu nehmende Ernährungswissenschaftler hier selbst bei zehn Gramm keinerlei gesundheitliche Schäden befürchten.

Fazit also: Bei einem abwechslungsreichen Konsum von Räucherfisch kommt der Blutdruck kaum außer Kontrolle, sondern es ist eher den gesundheitlichen Vorteilen der Salzzufuhr das Wort zu reden. Zudem wird jeder bestätigen, der auf den Räucherfisch-Geschmack kommt: Gerade der gesalzene Fisch kann ein wahrer Genuss sein, weil ja das Salz als appetitanregender Reizstoff wirkt. Eine Ausnahme bilden hier „salz-sensible" Menschen, die vor allem unter den Vegetariern zu suchen sind.

Das „weiße Gold"

Je nach geographischer Situation wurde früher stets zu dem Salz gegriffen, dessen „Quellen" am nächsten lagen. Das „weiße Gold" wurde es einst genannt. Für die Menschen in den salzarmen Gegenden Mitteleuropas waren weite Transportwege erforderlich, wenn sie das begehrte Salz haben wollten, nicht nur um Suppen und Speisen zu salzen, sondern auch um Fleisch und Fisch haltbar zu machen.

Während in den Küstengebieten Europas in ersten menschlichen Ansiedlungen wohl bereits um 10 000 vor Christus die Salzkristalle aus dem Meer genutzt werden konnten, stammt die älteste Salzgrube der Welt aus dem 8. Jahrhundert vor Christus; sie wurde in Hallstatt im österreichischen Salzkammergut entdeckt. Salzbergwerke entstanden dann auch im benachbarten Reichenhall und im Berchtesgadener Land. Der Handel mit Salz wurde in ganz Mitteleuropa zu einem einträglichen Geschäft, von dem auch immer die Landesfürsten mit ihren Salzsteuern tüchtig absahnten.

Grundsätzlich unterschieden wird das Fördern des Salzes in Bergwerken – durch Eindampfen von salzhaltiger Sole, Siedesalz – und das Gewinnen von Meersalz durch das Verdampfen von Meerwasser durch die Sonneneinwirkung in so genannten Salzgärten. Der Salzgehalt der Meere schwankt: zum Beispiele sind es 0,7 % in der Ostsee bei Gotland, 1,8 % im Schwarzen Meer, 3,3 % in der Nordsee, 3,9 % im Mittelmeer und 4 % im Roten Meer.

Doch ganz gleich, welches Salz wir für das Lakebad unserer Fische verwenden: Wir können als Verbraucher davon ausgehen, dass unser Speisesalz – vor allem das Meersalz – gründlichst von Gips, Magnesiumchlorid und Mangnesiumsulfat gereinigt und in Labors strengen Kontrollen unterzogen wird, um seine Reinheit zu garantieren.

Salzlake gegen Fischgeruch

All die Gerätschaften, die man zum Fischräuchern braucht, nehmen natürlich den starken Fischgeruch an, das lässt sich nicht umgehen. Vorteilhaft ist es, wenn man sie vor dem Reinigen in einer heißen Salzlake einweicht, in eine Wanne oder im Spülstein, eine Handvoll Salz genügt; darin lässt man sie eine halbe bis eine Stunde. Der Fischgeruch verschwindet und das Geschirr lässt sich mit gewohnten Mitteln leichter reinigen.

Die Lake

Was darf in die Lake hinein?

Für die Zubereitung einer Lake gibt es Hunderte von Rezepten, denn der Geschmack, den der spätere Räucherfisch einmal annehmen soll, ist bekanntlich verschieden. Grundvoraussetzungen sind in erster Linie ein einwandfreies Trinkwasser sowie ein Salz aus dem Meer oder Salzbergwerk. Verzichtet werden sollte auf das spezielle Pökelsalz, es enthält Umrötehilfsstoffe, Salpeter- und Natriumnitrit.

Die Lake-Konzentration

Der eine mag den an und für sich salzarmen Fisch eher mild, der andere wiederum so richtig salzig und durstig machend. Das Patentrezept liegt auch hier in der Mitte, zumal man ja doch erreichen will, dass der Fisch nicht nur gut schmeckt, sondern etwas haltbarer wird. Wer den Salzgehalt der Lake genau kontrollieren will, kann sich dazu einen so genannten Aräometer zulegen und passende Richtwerte ablesen.

Der Fachmann spricht zum Beispiel von einer „eingrädigen Lake", wenn er einem Liter Wasser 8 Gramm Salz beigibt. Für

Zum Würzen der Salzlake eignen sich Zwiebeln, Knoblauch und Kräuter.

unsere gebräuchliche Hausräucherei würde dies bedeuten, dass man für einen Eimer mit 10 Litern Wasser rund 80 Gramm Salz verwendet – so kann man ein Ergebnis erreichen, das wohl allen gerecht werden dürfte. Nach oben hin kann der Salzgehalt etwas nachgebessert werden – man muss jedoch damit experimentieren und es selbst ausprobieren. Nur wenn der Fisch versalzen ist, dann geht's dem Amateur-Räucherer so wie der Hausfrau, die eben die Suppe ganz und gar versalzen hat: Keiner will so recht seinen Teller nachfüllen lassen.

Die Feinheiten des Würzens

Insgesamt sollten nicht mehr als ein Esslöffel Gewürze für zehn Liter Lake verwendet werden. Als Würzmittel kommen zum Beispiel in Frage: Zitronensaft, Pfeffer, auch grüner Pfeffer, Wacholderbeeren, Zwiebeln, Dill, Petersilie, Basilikum, Salbei, Thymian, Kapern, beim Karpfen sogar Knoblauch, Bohnenkraut, Rosmarin, Senf, Paprika; wenn man es sehr scharf mag: Essig, Cognac und Zucker.

Natürlich sollten nicht gleich alle genannten Gewürze als eine Mixtur in der Lake

Trockensalzen: Man mischt das Speisesalz mit den bevorzugten Gewürzen und streut es über die eingelegten Fische oder Fischfilets.

angerührt werden; dominant soll eben das
sein, wonach der Fisch dann schmecken soll
– vom Rauchgeschmack abgesehen. Wer zum
Beispiel den Dillgeschmack liebt, sollte den
Bauch des Fisches vor dem Einlegen in die
Lake mit einem kleinen Sträußchen Dill füllen; wer auf den Geschmack der Wacholderbeeren aus ist, sollte es mit den getrockneten
Beeren gleichtun.

Doch wer beim Probelauf keinerlei Risiko
eingehen will, der bedient sich neben der
entsprechenden Salzzufuhr im Lakebad eines
Fischwürzmittels, wie man es in allen
Lebensmittelgeschäften und Supermärkten
kaufen kann. In eine Lake für acht Fische
(etwa zehn Liter Wasser) gibt man davon
einen guten Esslöffel voll. Weitere
Möglichkeiten des Würzens werden im Kapitel „Geeignetes
Holz zum Räuchern"
genannt.

Wie soll der Behälter für die Lake beschaffen sein?

Diese Frage ist schnell zu beantworten: Es eignen sich gleichermaßen Schüsseln und Wannen
aus Plastik, Edelstahl und Email ebenso wie
Holz und irdene Töpfe, also keramische Behält-
nisse, die jedoch glasiert und hoch gebrannt sein
müssen. Bei Holzfässern ist zu beachten, dass
darin nur Fisch eingelegt wird und nicht Fleisch
und Fisch in Wechselfolge. Wichtig ist für alle
Behälter, dass sie gut gesäubert sind. Die Lakebehälter müssen zwar nicht luftdicht verschließbar sein, dennoch aber mit einem Deckel versehen werden können, der Fliegen und Ungeziefer
abhält. Zudem sollten die Behälter so groß
bemessen sein, dass die Lake die Fische gut zwei
Zentimeter „überschwemmt". Nicht geeignet
sind Gefäße aus Zink oder mit Farbe behandelte
Holzbehältnisse.

Laketemperaturen

Die Lake mit dem Fisch sollte nicht längere
Zeit Temperaturen über 12 °C ausgesetzt

sein. In den Monaten mit dem R im Namen – also von September bis April – sind das zumeist normale Temperaturen im Keller; dort können die eingelegten Fische ein paar Stunden „ziehen", am besten aber über Nacht. Gerade in den Sommermonaten sollte man jedoch größte Vorsicht walten lassen und auf die Temperaturen achten. Auf Nummer Sicher geht man dann, wenn für das Lakebehältnis ausreichend Platz im Kühlschrank ist; damit gewährleistet man eine einwandfreie Kühlung. Es versteht sich wohl von selbst, dass man Fische nicht in stickigen oder gar von Schimmeln befallenen Kellern und Räumen lagern sollte.

Einsalzmethoden

Trockensalzen

Das Trockensalzen ist ganz einfach. Man mischt das Speisesalz mit den bevorzugten Gewürzen und reibt damit den Fisch innen wie außen nach allen Regeln der Kunst ein. Dabei wird die Außenhaut des Fisches stärker eingerieben als die Bauchhöhle, denn das Fischfleisch nimmt das Konzentrat aus Salz und Gewürzen viel stärker an als die Haut. Der vorbereitete Fisch wird dann waagrecht in den Lakebehälter eingelegt.

Je länger ein Fisch eingesalzen liegt, desto stärker wird er natürlich im Geschmack geprägt. Als Faustregel kann gelten, kleinere Fische – etwa Portionsforellen von 250 bis 350 g – vier bis fünf Stunden einzusalzen. Doch wer größere „Kaliber" für den Rauch vorbereiten will, kann die Fische ruhig auch mal über Nacht oder sogar noch länger im Trockensalz liegen lassen.

Nasssalzen

Der Vorteil beim Nasssalzen liegt auf der Hand: Man kann davon ausgehen, dass die Fische gleichmäßig von der gut mit Salz und Gewürzen vermischten Lake durchzogen werden. Keinesfalls fehl geht der Räucherer, der zum Beispiel für 8 bis 10 Portionsfische von 250 bis 350 g auf 10 Liter Wasser zwischen 80 und 100 g Speisesalz gibt.

Wenn es aber schneller gehen muss, kann man den Salzhalt ruhig erhöhen, um innerhalb kürzester Zeit zu einem vergleichbaren Ergebnis zu kommen. Hier einige Beispiele dafür: Wer die Lake im Verhältnis von 4:1 anrichtet, also 10 Litern Wasser 250 g Salz beigibt, kann Forellen bereits nach eindreiviertel bis zwei Stunden in den Rauch hängen, Heringe nach zwei Stunden, Makrelen nach zwei Stunden und das Rotbarschfilet etwa nach einer Dreiviertelstunde.

Beim normalen Salzen und Würzen im Nasssalzverfahren sollte man die Fische am besten die Nacht über einlegen, also so zwischen zehn und zwölf Stunden.

Was nach dem Einsalzen wichtig ist

Ganz gleich, ob man seine Fische trocken oder nass eingelegt hat: Bevor geräuchert wird, müssen die Fische nochmals gründlich gewaschen werden: Nie mit heißem Wasser, sondern immer unter laufendem Trinkwasser, so kalt, wie es aus dem Hahn kommt. Am besten geht das mit dem Gartenschlauch, auf Feindüse gestellt. Da das Salz bekanntlich reinigend ist, werden dabei eventuell noch rückständige Reste von Schleim und Blut entfernt.

Nach diesem neuerlichen Waschgang können die Fische kurz zum Abtropfen aufgehängt oder auf einen Rost gelegt werden. Wer auf das Trocknen verzichtet, hat die größere Chance, dass der Räucherfisch die begehrte goldgelbe Farbe annimmt; zu sehr abgetrocknete Fische verfärben sich eher ins Dunkle. Größere, schwere Fische wird man auf jeden Fall trocknen, damit sie während des Räucherns nicht abreißen und in die Glut fallen.

Das Räuchern

Über Farbe und Aroma des Räucherguts

Hierin liegt der Ehrgeiz jedes Hobby-Räucherers: im Aroma, im Geschmack seines Fisches und im Aussehen, wenn der geräucherte Fisch auf dem Teller liegt. Der Rauchgeschmack entsteht aus einer Kombination der Aromen aus den Rauchbestandteilen; hier sind also das verwendete Holz und eventuell die auf die Glut gestreuten Würzmittel wichtig, wie etwa Wacholderbeeren. Außerdem kommt es natürlich auch auf den Geschmack an, den man dem Fisch in der Lake gegeben hat. Bei diesem Prozess sind vor allem Phenole beteiligt – das sind kristallisierbare und wasserunlösliche Stoffe, die keimtötend wirken – sowie die Proteine im Räuchergut, die mit den Carbonsäuren des Rauches reagieren. Durch den Rauch wird auch die Fettoxidation und damit das Ranzigwerden hinausgezögert.

Um bei den Fischen eine goldgelbe oder goldbraune Farbe zu erreichen, ist entscheidend, dass der Fisch frisch gefangen oder unmittelbar nach dem Fang tiefgefroren wurde. Nach dem Einsalzen sollte er keinesfalls längere Zeit trocken herumliegen, denn das macht ihn beim Räuchern dunkel und raubt ihm den goldgelben Glanz. Zudem ist immer wieder darauf hinzuweisen, dass die Flammen den Fisch nicht berühren dürfen, sondern nur die Hitze der Glut und der Rauch.

Die Luft sollte unbedingt bei allen Räuchermaßnahmen frisch und völlig unbelastet sein, hängt doch von ihr nicht nur die Sicherheit ab, sondern auch der gute Geschmack des Räucherguts.

Den höchsten Genuss kann man dem Fischeräuchern dann abgewinnen, wenn das Räuchergut direkt aus dem Räucherofen auf den Tisch kommt, denn dann geht wirklich kein Aroma verloren. Zugleich wird vermieden, dass der Fisch zu „strohig" genossen

Gewürzmischungen zum Räuchern kann man auch fertig kaufen.

werden muss. Und auch die goldgelbe Farbe hat beim frisch Geräucherten ihren edelsten Glanz.

Würzmittel im Rauch

Zu kaufen gibt es Würzmittel für eine geschmacksintensive Rauchentwicklung in vielen Variationen. Allen voran wird das mit trockenen Wacholderbeeren angereicherte Wildwacholdermehl, Delikatessräuchermehl, Mehl mit Fenchel, Rosmarin und Thymian angeboten. Doch all diese Rauch- und damit Geschmacksverfeinerer kann man sich auch selbst zusammenstellen. Nur sollte darauf geachtet werden, dass durch allzu viele Gewürze der feine Geschmack des Räucherfisches so stark überlagert wird, dass er letztendlich verloren geht; das Fischfleisch kann dann sogar einen bitteren, fast medikamentösen Geschmack annehmen.

Manche Spezialisten schwören sogar auf Sauerbratengewürz als Beigabe zur Lake oder zum Einstreuen in die Räucherglut. Bei

Räucher-Spezialversandhäusern wird auch eine Räucherlauge als fertige Gewürzmischung angeboten. Und nie schaden kann es, vor dem Servieren einen „Schuss" Zitronensaft auf den noch heißen Fisch zu geben.

Räucherarten

Steckerlfische leicht gemacht

Es ist die einfachste Methode des Heißräucherns auf eigenem Grund und Boden wie auch an Flüssen, Seen und am Meer – überall dort, wo offenes Feuer nicht ausdrücklich verboten ist. Bevor man jedoch ein solches Lagerfeuer einrichtet, sollte unbedingt darauf geachtet werden, dass man damit nicht gleich einen Flächenbrand anrichtet, wenn etwa Sträucher und trockene Gräser eine gewisse Brandgefahr darstellen. Es muss dazu geraten werden, mit einem Spaten einen etwa halben Meter breiten und 20 bis 30 Zentimeter tiefen Graben auszuheben. Zum Windschutz wird dieser Graben mit Steinen umgeben; dann bringt man darin trockenes Holz oder die mitgebrachte Holzkohle zum Brennen.

Zum Aufspießen des Räucherguts besorgt man sich am besten dünne Haselnuss- oder Weidenstöcke, die geschält und gespitzt werden. Ein Ende davon wird von hinten herunter die Kiemen der Fische gesteckt, das andere stabil in die Erde neben dem Feuergraben gerammt. Sicherlich bedarf es ein bisschen Geduld, bis sich das brennende Holz in glühende Kohlen verwandelt; doch hat man die Glut, ist ein 250 g schwerer Steckerlfisch in einer halben Stunde gar und geräuchert.

Die Fische sollten etwa 40 Zentimeter über der Glut hängen. Wer den Fisch näher an die Glut hängt, so bis zu 30 Zentimeter, der hat ihn bei starker Hitze heißgeräuchert und kann ihn bereits nach einer halben

Stunde essen. Sehr sorgsam ist jedoch darauf zu achten, dass die Fische nicht in den Flammen hängen, denn das würde sie letztendlich verkohlen und damit ungenießbar machen.

Heiß-Nassräuchern

Die Methode des Heiß-Nassräucherns ist vor allem bei Anglern und Fischfreunden beliebt, die möglichst schnell den frisch gefangenen oder frisch eingefrorenen Fisch heißgeräuchert auf dem Teller haben wollen. Hier ist in erster Linie an den Portionsfisch mit einem Gewicht zwischen 250 und 350 Gramm gedacht, an Fischfilet oder auch in Scheiben geschnittene größere Fische, die nach dem Räuchern zum sofortigen bis baldigen Verzehr gedacht sind.

Nach dem Säubern und dem Lakebad wird der Fisch über die Glut gehängt oder gelegt und innerhalb von knapp einer halber Stunde gegart. Die Anfangstemperatur sollte über 100 °C liegen; dann ist gewährleistet, dass das gesamte Fischfleisch von einer Kerntemperatur von 70 bis 80 °C durchdrungen wird. Im Laufe des gesamten Räucherprozesses kann die Hitze ruhig ein bisschen nachlassen, man sollte also keinesfalls mehr Holz oder Sägespäne nachlegen.

Um innerhalb dieser verhältnismäßig kurzen Räucherzeit auch zum gewünschten Rauchgeschmack zu kommen, sollten Wacholderbeeren in die Glut gestreut werden oder auch frische Gewürzblätter, wie Salbei, Rosmarin und Dill; diese können zuvor auch ein wenig mit Trinkwasser angefeuchtet sein; sie wirken natürlich stark Rauch erzeugend. Die richtige Mischung für den richtigen Geschmack wird jeder Räucherer bald selbst entdecken.

Beim Heißräuchern mit relativ hohen Temperaturen ist es zumeist unumgänglich, dass vor allem fettere Fische zu tropfen beginnen. Das ausfließende Fett lässt die Glut auflodern, wodurch Krebs erregende

Stoffe entstehen können. Um dies zu verhindern, sollte unter die Fische eine Fettauffangschale gestellt werden.

Heiß-Trockenräuchern

Im Gegensatz zur vorhergehenden Räuchermethode wird beim Heiß-Trockenräuchern mit niedrigen Räuchertemperaturen begonnen. Das bewirkt einen intensiveren Räuchergeschmack. Diese Methode ist vor allem für Aale zu empfehlen, für Karpfen und größere Meeresfische. Das Fischfleisch wird dabei langsam getrocknet und in die Poren kann mehr Rauch dringen. Erst nach einer Stunde wird die Temperatur auf rund 70 bis 80 °C und weiter hochgefahren, um dann bei 100 °C, also wenn die Glut mit einem weißen Aschehäubchen überzogen ist, mit der Feuerung nachzulassen.

In der Praxis kann dies so geschehen, dass man mit einem Feuer aus kleinen, getrockneten Zweigen beginnt, die nur kleine Flammen züngeln lassen. Dann füllt man jedoch vermehrt Holzkohle oder Räuchermehl nach, um zu einem entsprechenden Glutstock zu kommen.

Als Beispiel gilt auch eine Empfehlung einer Räuchergeräte-Firma: „Das Räuchergut wird von oben mittels Haken in die Tonne eingehängt, das Schubfach am Fuß mit Räucher- oder Raspelspänen gefüllt. Darunter wird dann der Camping-Gasbrenner in Betrieb genommen. Bei steigender Erwärmung trocknet zunächst das Räuchergut; Temperaturen dann etwa auf 110 °C steigern und damit das Räuchergut in 15 bis 20 Minuten garen lassen. Der Fettfänger nimmt abtropfendes

Fett auf, eventuell abfallendes Räuchergut hält das Auffanggitter."

Nach dem Garen bei gedrosseltem Feuer frische Kräuter (Lorbeerblätter, Sellerieblätter) auf die Glut im Feuerschubfach legen und darüber nochmals Räucherspäne streuen. Nach etwa zehn bis 15 Minuten hat dann das Räuchergut eine herrliche, goldgelbe Farbe angenommen und ist fertig zum leckeren Mahl.

Kalträuchern

Die längste Haltbarkeit garantiert das „klassische" Kalträuchern, das vor allem für Meeresfische wie Hering, Makrele, Heilbutt und Meerforelle zu empfehlen ist. Aber natürlich können auch Süßwasserfische damit für längere Zeit haltbar gemacht werden. Im Kühlschrank halten sie sich dann ohne Vakuumverpackung bis zu einer Woche und mit Vakuumverpackung bis zu zwei Wochen; in kühlen Kellern und abgedeckt zwei Tage.

Beim Kalträuchern muss man jedoch etwas Geduld und Zeit mitbringen; es ist stets darauf zu achten, dass die Glut nicht ausgeht. Zudem muss gesichert sein, dass die Fische „salzgar" sind, das heißt ein längeres und intensives Lakebad hinter sich haben, mindestens über Nacht und am besten in einer 20-prozentigen Lake.

Es ist nur ein „dünner" Rauch nötig, der dafür aber beständig auf einer Temperatur zwischen 18 und 20 °C gehalten werden soll. Das lässt sich natürlich nur mit einem Räucherthermometer überwachen, angebracht an Räuchertonne, -ofen, -kammer oder -häuschen.

Fast unverzichtbar beim Eigenbau von Räuchertonnen sind die in Baumärkten erhältlichen Stabthermometer.

Räuchern auf dem Campingplatz

In Frage kommen natürlich hier nur das Heißräuchern mit kleinem Gerät oder die Steckerlfisch-Zubereitung. In der Regel leisten sich Camper für den Familiengebrauch einen kleinen ein- oder zweiflammigen Räucherofen, der mit einem Spiritusbrenner und mit Räuchermehl betrieben wird.

Räucherzeiten

Auf alle Fälle ist ein heißgeräucherter Fisch gar, wenn sich seine Bauchflosse mit Daumen und Zeigefinger leicht entfernen lässt. Zudem muss das Bauchfleisch klar weißlich sein; sieht es noch glasig aus, muss die Räucherzeit verlängert werden. Wird ein gas- oder elektrobetriebener Räucherofen verwendet, dann gelten als Anhaltspunkte für einige ausgewählte Fischarten die unten angegebenen Gar- und Räucherzeiten:

Diese Angaben können nur Anhaltswerte sein, da es ja nicht nur von der Temperatur abhängt, wann der Fisch beim Heißräuchern „durch" ist, sondern auch von dessen Gewicht. Die genannten Zahlen gehen von Portionsfischen im Gewicht zwischen 250 und 350 Gramm aus.

Sicherheit beim Räuchern

Räuchern ist ein Hobby, bei dem man mit Gefahren lebt. So gibt es geschriebene und ungeschriebene Gesetze, um Schäden und Ärger beim Räuchern zu vermeiden. Ganz gleich, ob es um die Gesundheit aller Beteiligten geht oder um den Frieden mit den Nachbarn, man wird die Gefahren möglichst ausschließen und Rücksicht üben.

Wer mit Feuer hantiert, der weiß, dass man damit vorsichtig umgehen muss. Räucherkammern und Räucheröfen sollten deshalb nur dort aufgestellt werden, wo es die feuerpolizeilichen Vorschriften erlauben. Räuchergeräte und -tonnen, für die man keine behördliche Genehmigung braucht, sollten vor allem sicher und windgeschützt stehen.

Besondere Vorsicht ist beim Umgang mit Spiritus geboten, beim Anzünden wie beim späteren Betrieb kann es leicht zu einer Stichflamme oder sogar zu einer Explosion kommen. Räucherfeuer sollten deshalb am besten mit Spänen, Kohlenanzündern oder mit der üblichen Brennpaste entzündet werden.

Fischart	Thermostat-Einstellung in °C	Räucherzeit in Minuten
Aal	50	70–90
Forelle	180	15–20
Heilbutt	175	20–25
Hering	etwa 90	120
Karpfen	200	50–60
Krabben	160	8
Lachs	170	25–35
Makrele	180	20–25
Muscheln	160	6
Renke	180	15–20
Rotbarschfilet	180	10–20
Salm	180	20
Schellfisch	200	20–25
Scholle	150	20–25
Seezunge	180	20–25

Rücksichtsvoll räuchern

Obgleich einem selbst der Rauch auf dem eigenen Grundstück nichts ausmacht, sollte man Rücksicht auf die Nachbarn nehmen: Geräuchert wird möglichst weit von den Grundstücksgrenzen entfernt, ganz gleich, mit welchem Gerät.

Zum Herausnehmen der heißen Stangen aus dem Räucherofen empfehlen sich Arbeitshandschuhe aus dickerem Leder.

Niemals darf man ein erloschenes Feuer oder eine Glut mit Spiritus wieder entfachen – das hat schon oft zu gefährlichen Brandverletzungen im Gesicht und an Gliedmaßen geführt.

Von den Räucheröfen sollten Kinder auf jeden Fall fern gehalten werden. Räucherschränke im Haus sollten deshalb stets mit einem Vorhängeschloss gesichert werden.

Viele Hinweise gelten in diesem Buch der geringen Haltbarkeit des unbehandelten Fisches; im eigenen Interesse und im Interesse seiner Gäste ist natürlich immer darauf zu achten, dass der Fisch frisch und unverdorben verwendet wird.

Doch auch die Gerätschaften selbst – beim Lakebad wie beim Räuchern – sollte man lieber einmal mehr als zu wenig reinigen. Auch die Räucheröfen verlangen beste Sauberkeit; Rostspuren sind unverzüglich zu beseitigen.

Bereits beim Fangen der Fische muss mit sehr spitzen Haken hantiert werden und auch beim Einhängen der Fische in das Räuchergerät kann man sich leicht an den Räucherhaken verletzen. Ungeübte werden deshalb Arbeitshandschuhe aus dickerem Leder tragen. Das ist ebenso vorteilhaft, wenn man die geräucherten Fische aus dem Ofen nimmt, denn an den Stangen, an denen sie aufgereiht sind, kann man sich die Hände verbrennen.

Geräte und Zubehör zum Räuchern

Welche Gerätschaften braucht man zum Räuchern? Diese Frage ist nicht leicht zu beantworten, denn es hängt davon ab, wie intensiv man dieses Hobby betreiben will. Wer nur vorhat, sich einen Steckerlfisch heißzuräuchern, für den genügen ein paar Weiden- oder Haselnuss-Stecken, die man sich zurechtschneidet und anspitzt, um damit den Fisch aufzuspießen und über die Feuerstelle zu hängen.

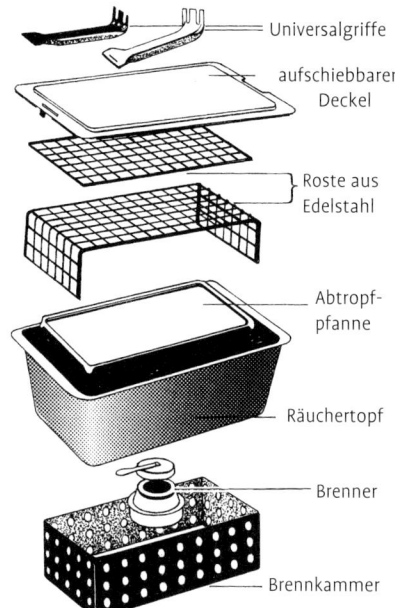

Universalgriffe

aufschiebbarer
Deckel

Roste aus
Edelstahl

Abtropf-
pfanne

Räuchertopf

Brenner

Brennkammer

Schnell, sauber und einfach zu handhaben –
dieses Kleingerät wurde speziell für Angler und
Camper entwickelt.

Ausbaufähige Möglichkeiten eröffnen sich
für den, der daraus ein immer während es
Hobby machen will, das auch finanziell gesehen für den Haushaltsetat ganz nutzbringend
sein kann. Anfangen kann man mit einfachen
Geräten, wie zum Beispiel mit einer Räucherpfanne, die man fertig kaufen kann oder aus
geeignetem Gerät umfunktioniert. Es sind
viele Entfaltungsmöglichkeiten geboten, bis
hin zum elektrischen Haushalts-Räucherofen
und zum Räucherhäuschen.

Kleinräuchergeräte

Kleinräuchergeräte sind ideal für den Garten,
zum Camping und am Fischteich. Wer nicht
vor hat, ständig gleich Dutzende von Fischen
zu räuchern und daraus gar einen Nebener-
werb oder einen Tauschhandel unter Freunden aufzuziehen, der sollte ganz bescheiden

beginnen. Es genügt fürs Erste ein Kleinräu-
chergerät, wie es in Haushaltswaren-, Sport-
und Anglergeschäften angeboten wird. Man
kann damit vier bis acht Portionsfische oder
Filets auf einmal räuchern. Die Vorteile eines
solchen kleinen Geräts: Es lässt sich leicht
transportieren und verstauen, ist also ideal
für Garten und Camping und an Ufern von
Fischgewässern; es ist leicht – und vor allem
für jedermann erfolgreich – zu bedienen.

Kleinräuchergeräte werden entweder feu-
erfest emailliert oder aus Stahl- oder Edel-
stahlblechen hergestellt; sie sind mit Grillros-
ten ausgestattet und mit einem
hitzebeständigen Aluminiumdeckel versehen.
Ein Sockel nimmt das Brennergestell mit den
Brennerdosen auf. Sie können zwar mit Spiritus gefüllt werden, sicherer jedoch ist die
handelsübliche Brennpaste, so wie man sie
auch für die Warmhalteplatten im Haushalt
verwendet. Meistens mitgeliefert werden
auch zwei Tropfbleche zum Abdecken der
Mulden für das Räuchermehl.

Was das Räuchern mit diesen Räuchergeräten „von der Stange" vereinfacht, das sind
die mitgelieferten, sehr aufschlussreichen
und praxisnahen Gebrauchsanleitungen. So
bieten manche Firmen kleine Camping-Räu-
chergeräte an, die folgendermaßen zu handhaben sind: Das Gerät wird geöffnet, dann
streut man einige Esslöffel Räuchermehl in
die beiden Mulden des Räucherbehälters und

Praktisch zum
Betrieb in der
Küche ist
dieses Klein-
räuchergerät
mit Elektro-
anschluss.

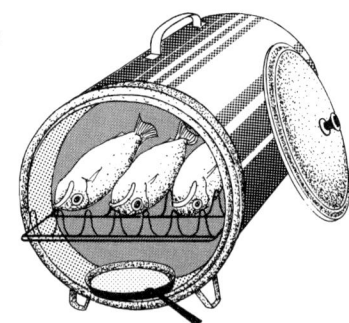

deckt sie mit den beiden Tropfblechen ab. Füße der Tropfbleche nach unten, damit der trockene aromatische Rauch aus den Mulden entweichen kann. Hierdurch wird ein gleichmäßiges Räuchern und ein zarter Geschmack erzielt.

Man kann je nach Menge des Räucherguts entweder auf einem oder zwei Rosten räuchern. Sie werden dann übereinander mitsamt dem Räuchergut eingesetzt. Wenn man Saft zur Soßenbereitung auffangen möchte, legt man auf den untersten Rost vor dem Einlegen der vorbereitenden Fische die Alu-Saftschale. Nun schließt man den Behälter mit dem Deckel und klemmt die Patentverschlüsse fest.

Anschließend werden die Brennerdosen mit Spiritus oder Brennpaste gefüllt. Dann entzündet man den Spiritus beziehungsweise die Brennpaste und stellt den Behälter auf das Brennergestell, das aber keinesfalls auf losem Boden stehen soll, da es sonst einsinkt und der Brenner zu wenig Luft bekommt.

Dies ist nur ein Beispiel der Funktionsweise eines Räuchergeräts (NDM Super-Smoker), doch in der Regel ist diese Gebrauchsanweisung firmenübergreifend nachvollziehbar. Bei diesem Heißräuchervorgang sind die Fische innerhalb einer halben Stunde servierfertig.

Kleinräuchergeräte mit Elektroheizung

Ganz und gar nichts falsch machen kann man auch mit einem elektrischen Räuchergerät zum Heißräuchern. Es ist dann ein Schnellräuchern, bei dem eine eingebaute Heizspirale für die Rauchentwicklung und das Garen gleichermaßen sorgt. Mit diesen Geräten, die variabel einstellbar sind und eine Temperatur von 220 °C erreichen, lassen sich beste, goldgelbe Ergebnisse erzielen. Misserfolge aufgrund zu geringer oder zu hoher Temperaturen sind nahezu ausgeschlossen.

Diese Geräte muss man erst etwa eine Viertelstunde vorheizen, bevor das Räuchergut hinein kommt. Ein ausgeprägter Rauchgeruch wird jedoch bei diesen mehr auf die Garung ausgerichteten Öfen nur dann erreicht, wenn man das sehr fein gemahlene Sägemehl aus Hartholz entsprechend mit Gewürzen präpariert, so zum Beispiel mit Wacholderbeeren.

Diese elektrischen Heißräuchergeräte sind mit Zeitschaltuhr und zuverlässigem Thermostat ausgestattet und stufenlos einstellbar.

Bei Temperaturen von 170 bis 200 °C sind Forellen und Makrelen zum Beispiel in 20 Minuten, Karpfen in 50 bis 60 Minuten servierfertig; Heringe brauchen bei einer Temperatur zwischen 80 und 90 °C etwa 20 bis 30 Minuten.

Der Gartengrill wird zum Heißräucherofen

Eine weitere preisgünstige Alternative kann man in seinem Garten haben, wenn man den Gartengrill mit wenig Gerätschaft und Mühe in einen variablen Räucherofen umfunktioniert. Die Feuerstelle zum Beschicken mit Holz und Grillkohle ist ja bereits vorhanden, die Wärme speichernden wie umschließenden Mäuerchen ebenfalls. Notwendig ist hier nur ein Aufsatz aus Baustahl, der geschweißt werden sollte. Daran können die Fische dann rund einen halben Meter über dem Feuer oder über der Glut aufgehängt werden.

Zum Abschirmen des Räuchergutes vor den Flammen, zum Auffangen des Fettes und als „Ablage" für Würzmittel deckt man den oberen Rand des Grills mit einem Stahlgeflecht oder mit einem Stahlblech ab, das mit größeren Löchern versehen ist. Diese Abdeckung wird dann mit Kieselsteinen bedeckt, die den Rauch filtern, die Hitze dämpfen und ideal den Rauch der Gewürze entwickeln lassen. Auf alle Fälle besteht durch diese „Isolierung" zwischen Feuer und Räuchergut nicht die Gefahr, dass abtropfendes Fett die Flam-

So wird ein Gartengrill zum Räucherofen. Zu stark lodernde Flammen kann man mit einer Kiesel-schicht „dämpfen".

men bis zum Räuchergut hin vordringen lassen.

Wenn auch eine solche Vorrichtung zumeist nur zum Heißräuchern verwendet wird, um die Gäste möglichst bald in den Genuss des vor ihren Augen sich goldgelb färbenden Fisches kommen zu lassen – man kann damit auch die Ergebnisse des Kalträu-cherns genießen (siehe Seite 47); nur muss man dafür viel Zeit haben und darf das Feuer nicht ausgehen lassen. Keinesfalls sollte man sich einen windigen Tag aussuchen, denn es besteht dann die Gefahr, dass der Rauch von Windböen abgetrieben wird, bevor er das Fischfleisch erreicht.

Den Wok als Räucherpfanne umfunktionieren

Viele Europäer haben heute eine Vorliebe für die chinesische Küche; so ist bereits in den meisten Haushalten ein Wok vorhanden. Er lässt sich für den Hausgebrauch ganz einfach in eine Räucherpfanne umfunktionieren: Der Wok wird mit einer mehrschichtigen oder stärkeren Alufolie ausgelegt, in deren Mitte dann ein Häufchen gewürztes Räuchermehl gegeben wird – etwa bis zu fünf Esslöffel. So kommt der Wok mit geschlossenem Deckel auf den Herd, der auf etwa 100 °C eingestellt wird; bei dieser mäßigen Hitze beginnt das Räuchermehl schließlich zu glimmen.

Hat sich der Rauch entwickelt, deckt man den Wok mit dem meist zur Ausstattung gehörenden Rost ab. Darauf wird dann der Fisch gelegt; er klebt nicht an, wenn der Rost vorher leicht eingefettet wurde. Man schließt wieder den Deckel über dem Wok und über-lässt die Fische dem Rauch. Bei Fischen mit einem Gewicht von 250 bis 350 Gramm kann man in rund 20 bis 30 Minuten mit einem guten Ergebnis rechnen; kleinere Fische sind früher gar.

Räucherschränke

Für den, der sich das Räuchern zu einem dauerhaften Hobby machen will – um damit seine Haushaltskasse zu schonen und viel-leicht noch kleine Tauschgeschäfte mit Freunden zu machen –, ist die Anschaffung eines Räucherschranks die Lösung schlecht-hin. Die Vorteile liegen auf der Hand: Die doppelt isolierten und aus stabilen Stahl-blechen hergestellten Schränke sind nicht nur zum Räuchern geeignet, sondern auch zur Aufbewahrung des Räucherguts. Sie lassen sich selbst in Kellern von Stadtwoh-nungen aufstellen, wenn es dort einen Kamin-Anschluss gibt. Eine saubere Sache sind sie zudem, denn Räuchergut und Rauch-

Mit Sägemehl aus Hartholz lassen sich Fische – hier Aale und Regenbogenforellen – im Räucherschrank ideal zubereiten.

Werden die Fische in zwei Lagen untereinander im Räucherschrank eingehängt, sind zwei Stabthermometer anzubringen.

entwickler sind durch getrennte Türen zugänglich.

Bereits vom Hersteller ist auch für die gute Durchlüftung und Zirkulation gesorgt. Natürlich sind alle feuerpolizeilichen Vorschriften erfüllt.

Die kompakten Geräte für Haushalt und Hobby gibt es sowohl für die Befeuerung mit Holz oder mit Gas aus der Propangasflasche als auch mit Elektroheizung für 220 oder 380 Volt. Der Energiebedarf eines Heißräuchergerätes in der Größe für rund 25 Fische beträgt in Elektroausführung 2 Kilowatt und bei Gasbefeuerung 3,5 Kilowatt.

Die Auswahl von Räucherschränken ist mannigfach; ihr Prinzip gleicht sich, wenn es auch viele Variationen gibt. Eine solche Investition lohnt sich jedoch nur dann, wenn man Fische „in Serie" und in großen Stückzahlen räuchern will. Zur Lebensdauer solcher Schränke, ganz gleich ob man sie mit Holz, Gas oder elektrisch betreibt: Sie sind eine Anschaffung für Generationen!

Angeboten werden Räucherschränke mit einem Nutzraum zwischen 125 und 1250 Litern. In einem 125-Liter-Schrank bringt man etwa 20 bis 25 Forellen unter, in einem Schrank mit 300 Litern etwa 45 bis 60 Stück. Das Heißräuchern in einem solchen Schrank dauert bei Temperaturen zwischen 80 und

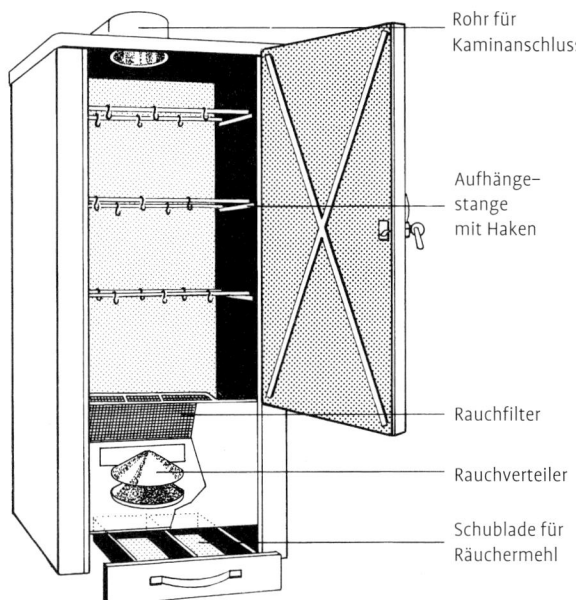

Rohr für
Kaminanschluss

Aufhänge-
stange
mit Haken

Rauchfilter

Rauchverteiler

Schublade für
Räuchermehl

Der Räucherschrank kann überall dort aufgestellt werden, wo ein Kaminanschluss vorhanden ist.

oder betonierten Boden geschehen, also nicht auf
Holz- und Kunststoffböden. Zudem sollten die Räumlichkeiten nicht in unmittelbarer Nähe des Heizungskellers oder -tanks liegen; sie dürfen nicht feucht sein oder gar nass und stickig.
Räucherschränke können nur zum Kalt- und Heißräuchern verwendet werden. Zum Räuchern sollte kein flammendes Feuer, sondern durch Räuchermehl glimmende Glut verwendet werden. Eine Füllung Räucherspäne oder -mehl reicht für etwa acht Stunden. Wenn die Glut über Nacht ausgeht, entsteht auch kein Schaden, nur muss man dann gleich am Morgen neue Späne nachlegen und entzünden.
Die Räucherschränke sollten gut isoliert sein. Aus diesem Grund wird in den meisten Fällen die Isoliermasse unmittelbar auf die Bleche aufgespritzt; damit wird verhindert, dass sich Feuchtigkeit zwischen Schrankwand und Isolierung festsetzt. Die Isolierung im Räucherschrank wird häufig einer Wärme-Isolierung gleichgesetzt, das ist falsch. Es ist sinnlos, hohe Außentemperaturen der Luft vom Fisch fernhalten zu wollen, weil ja die den Schrank umgebende Umluft als Zuluft über die Lüftungsschlitze führt und durch den Sog des Kamins auch immer über das Räuchergut.

110 °C zwischen 40 und 80 Minuten, bei Fischen in normalen Größen.
Räucherschränke gibt es aus verschiedenem Material: aus Stahlblechen als preisgünstige Versionen und in Edelstahl, was jedoch nur beim gewerblichen Betrieb lohnend sein dürfte. Ausgestattet sind sie alle mit Aschekasten, Feuerstelle, Rauchverteilungsblech und Fettabtropfblech. Die oberen zwei Drittel des Gerätes enthalten mehrere Einhängevorrichtungen. Eingebaut sind bereits auch Thermostate in den verschiedenen Höhen der Räucherkammer.
Wichtig ist, sich vor der Bestellung eines Räucherschrankes am besten beim Bezirksschornsteinfegermeister über den geeigneten Platz – im Haus, am gemauerten Gartenhaus, am Garagenanbau und so weiter – zu erkundigen. Denn Räucherschränke unterliegen wie Räucherkammern den feuerpolizeilichen Vorschriften und müssen an einen dafür geeigneten Kamin angeschlossen werden. Das Aufstellen kann nur auf einem gefliesten

Einen Räucherschrank selbst bauen

Der Selbstbau eines Räucherschrankes lohnt sich nur, wenn man ein Metall verarbeitendes Handwerk beherrscht. Man sollte wissen, dass man in der häuslichen Werkstatt keinesfalls mit Zinkblechen experimentieren darf: Das Erhitzen von Zinkblech birgt gesundheitliche Gefahren! Für den Bau eines Räucherschrankes wird man nur ein mit Aluminium beschichtetes Stahlblech oder Edelstahl verwenden. Das beschichtete Stahlblech ist lebensmittelecht, relativ hitzebeständig und sehr hoch korrosionsbeständig, selbst beim Heißräuchern.

Edelstahl ist teuer, aber natürlich das Feinste vom Feinen für große und kleine Räucheröfen. Die Vorteile sind bestechend: Edelstahl ist unempfindlich gegenüber Säuren und Laugen und 100-prozentig korrosionsbeständig. Räucheröfen aus Edelstahl sind daher einfach zu reinigen. Durch die optimale Reinigung sind sie flexibel einsetzbar für das Räuchern von Fisch, Fleisch, Wurst, Geflügel und Wild im gleichen Ofen.

Räucherschränke kann man mit Holzfeuerung oder mit Gas betreiben. Bei der Beheizung des Räucherofens mit Gas ist die Temperaturregelung einfacher, die Räucherqualität bleibt bei bewährtem Rezept immer gleich; der Verbrauch des Räuchermehls ist geringer und die Wirtschaftlichkeit insgesamt ist sehr hoch. Für einen Räuchergang braucht man etwa 400 bis 1000 g Räuchermehl, je nach Größe des Räucherofens. Bei einer Gasheizung mit einer Leistung von 4 Kilowatt verbraucht man bei einem Räuchergang etwa 290 g pro Stunde.

Zum Kalträuchern wird der Brennkasten mit Räuchermehl gefüllt und die Zugregulierung nach dem Anzünden ganz geschlossen. Dadurch wird das Räuchermehl verschwelt und bei maximaler Füllung des Brennkastens ist alles Gut in etwa 15 Stunden geräuchert.

Zum Heißräuchern wird im Brennkasten ein Feuer entfacht. Die Temperatur bestimmt man über die Zugregulierung. Sobald das Räuchergut getrocknet und gegart ist, wird die Zugregulierung ganz geschlossen und das Feuer mit Räuchermehl abgedeckt, um eine gute Rauchentwicklung zu erhalten.

Ein Wort zum Preis von Räucherschränken und Zubehör

Räuchergeräte für den Normalverbraucher kann man bereits zum Preis zwischen 100 und 500 Euro erwerben. Für größere Räucherschränke, die für etwa 20 bis 25 Fische oder 20 Kilogramm Fleisch Platz bieten, muss man rund 600 Euro bezahlen, für Geräte, die 45 bis 60 Fische oder 40 Kilogramm Fleisch fassen, einen guten Tausender.

Einfache Fischhaken kosten zwischen 3 und 6 Euro, Stangen zum Aufhängen der Fische in Tonne oder Schrank etwa 5 Euro, Zeitschaltuhren 60 Euro, Thermometer zwischen 15 und 40 Euro, Grillroste zwischen 40 und 150 Euro.

Tonne, Kammer und Häuschen – selbst gebaut

Eine Räuchertonne aus Metall

Sicherlich gibt es sie in großer Auswahl, in allen passenden Größen und in Stahlblech wie auch in Edelstahl zu kaufen: die Räuchertonnen. Doch wer Geld sparen möchte, greift zur Selbsthilfe. Es gibt zwei einfache Methoden: Entweder besorgt man sich bei einem Metall verarbeitenden Betrieb eine Stahlröhre mit einem Durchmesser zwischen 60 und 80 Zentimeter. Noch einfacher umzubauen sind gebrauchte Ölfässer mit einem Fassungsvermögen von 100 oder 200 Litern; Heizölhändler geben sie oft für wenig Geld ab. In solchen Fässern können dann bequem auch 20 bis 50 Fische auf einmal geräuchert werden. Man wird das Fass lieber etwas größer bemessen, denn die Fische sollen keinesfalls zu eng hängen und letztendlich beim Räuchern aneinander kleben.

Bei einem kleineren Fass muss ein zweites Fass über das Grundfass geschweißt, verschraubt oder auch genietet werden, denn das Räuchergut soll mindestens 50 bis 60 Zentimeter über der Feuerung hängen.

Zuerst muss das Fass von Deckel und Boden befreit werden; dazu nimmt man eine Stichsäge mit einem Metallblatt. Wichtig ist, anschließend gleich die Sägeränder mit einer Feile oder mit einem Winkelschneider („Flex") zu entschärfen, damit man sich später nicht daran verletzt.

Nun hat man guten Zugriff, um das Fass mit einem Druckstrahler und anschließend dann von Hand mit Stahlwolle oder einem Lappen gründlich zu reinigen.

Was der Stahlröhre und dem ehemaligen Fass noch fehlt, ist die Öffnung für die Feuerung: Man schneidet sie – ebenfalls wieder mit der Stichsäge – an einem Ende in die Blechrundung: etwa 40 Zentimeter breit und 30 Zentimeter hoch. Das ausgeschnittene Blechteil wird dann als Türchen verwendet. Zwei Kegelscharniere aus dem Eisenwarengeschäft werden mit Maschinenschrauben an der Wand der künftigen Räuchertonnen befestigt; sie können auch genietet werden. Zuvor sind natürlich mit einem Metallbohrer entsprechende Löcher in Scharniere wie Blechwand zu bohren. Wer einen Schweißapparat zur Verfügung hat, wird die Scharniere anschweißen. Ebenso sind am Türrand noch ein Griff und ein einfacher Riegel anzubringen.

Ungefähr zehn Zentimeter vom oberen Tonnenrand abgesenkt werden Quereisen zum Beispiel aus Baustahl angebracht, die später dann die Räucherstäbe tragen.

Zum Abdecken der Tonne gibt es zwei Möglichkeiten: Entweder man schneidet sich einen kreisrunden Deckel aus Eisenblech, in den mit der Bohrmaschine mehrere Dutzend Löcher gebohrt werden, jeweils etwa mit einem halben Zentimeter Durchmesser. Oder man benutzt zum Abdecken eine Kokos-

matte, Sackleinen oder engmaschige Kartoffelsäcke. Wichtig ist, dass ein Teil des Rauches entweichen kann und ein „Zug" entsteht.

Jetzt muss man sich nach einem entsprechenden Standort für die Räuchertonne umsehen; weit entfernt von brennbaren Materialien. Am besten sucht man sich dafür eine leichte Böschung aus, in die man eine Plattform gräbt. Um später die Asche leichter entfernen zu können, betoniert man den Boden oder legt ihn mit Ziegeln oder mit einer Eisenplatte aus. Darauf wird dann die Räuchertonne gestellt.

Hat man die Räuchertonne aus einem alten Ölfass hergestellt, sollte sie ohne jegliche Abdeckung ausgebrannt werden, bevor man das erste Räuchergut einhängt. Anschließend befreit man die Innenwände mit Stahlwolle von den dadurch entstandenen Rußschichten. So können alle Ölreste entfernt werden.

Nun braucht man die Räucherstäbe, an denen die Fische aufgespießt oder mit einem Spagat angebunden werden; ihre Länge richtet sich nach dem Durchmesser des Fasses. Doch dann steht unserem ersten „Brand" nichts mehr entgegen!

Eine Räuchertonne aus Holz

Geradezu urig und leicht zu bearbeiten ist die selbst gebaute Räuchertonne aus Eichenholz. Sicherlich kann man sie bei einem Fassbinder auch neu kaufen, wenn man seine Wünsche entsprechend präzisiert; auf alle Fälle sollte sie 100 bis 150 Liter fassen. Billiger kommt man, wenn man sich in wein- oder obstreichen Gegenden bei Weinbauern und Herstellern von Apfelmost nach einem alten Fass erkundigt, das nicht unbedingt mehr dicht sein muss. Auch bei Brauereien kann man vielleicht Glück auf der Suche nach einem Holzfass haben.

Das Umfunktionieren in eine Räucher-

Mit dem Druck- oder Dampfstrahler wird ein altes Mostfass gründlich gereinigt.

tonne geschieht ähnlich wie beim Ölfass beschrieben, nur eben mit dem Unterschied, dass Holz leichter zu säubern ist und sich viel leichter bearbeiten lässt: Deckel und Boden werden mit der Stichsäge entfernt. Unten wird ebenfalls ein entsprechendes Feuerungsloch geschnitten, und zwar zwischen zwei der Eisenringe, die das Fass umgeben. Die damit unterbrochenen Fassbretter müssen mit Querblechen verbunden werden, damit sie sich nicht lockern – denn bei Wärme schwindet Holz natürlich. Aus dem gleichen Grunde sollte man das Fass später ab und zu außen und innen mit dem Gartenschlauch abspritzen oder dem Regen aussetzen. So fallen die Fassbretter im Laufe der Zeit nicht einfach auseinander.

Für den Deckel vor dem Feuerungsloch suchen wir uns ein entsprechendes Stück Eisenblech in der Größe von etwa 30 × 50 cm. Daran werden dann die beiden Scharniere, der

Griff und ein Klappverschluss angebracht und mit Schrauben direkt an der Fasswand festgemacht. Jetzt fehlt nur noch das Räucherthermometer. Diese Stabthermometer können problemlos selbst eingebaut werden. Durch die jeweilige Wandung muss nur ein entsprechend großes Loch gebohrt werden, in das der Fühler gesteckt und verschraubt wird – alles nur ein Aufwand von Minuten!

Genauso wie ein Metallfass setzt man das Holzfass auf ein Fundament – lose auf den Boden gelegte Ziegelsteine reichen – schneidet einen kreisrunden Metalldeckel mit entsprechenden Löchern zurecht oder nimmt wahlweise eine Kokosmatte zur Abdeckung.

Beim Einhängen der Fische – ganz gleich ob ins Metall- oder Holzfass – ist zu beachten, dass sie möglichst ein paar Zentimeter vom Tonnenrand entfernt platziert werden und sich gegenseitig nicht berühren.

So wird ein altes Wein-, Bier- oder Mostfass zur Räuchertonne:

1 Mit der Bohrmaschine eines der Eichenholzbretter durchbohren, um den Fühler des Stabthermometers einsetzen zu können.

2 An das aus Stahlblech gefertigte Feuerungstürchen die Scharniere annieten.

3 Mit Holzschrauben die Scharniere anschließend an der Räuchertonne befestigen.

4 Wer möchte, kann noch ein Vorhängeschloss anbringen, um das Räuchertürchen abzuschließen.

Wichtige Vorsichtsmaßnahme

Trotz des eingebauten Räucherthermometers unterschätzt man die Hitze und deren Auswirkung auf das strohtrockene Holzfass vielleicht doch einmal und die Innenwandung fängt Feuer – dann ist es immer gut, wenn neben der Räuchertonne ein Eimer oder eine Gießkanne mit Wasser bereitsteht, und man im Falle eines Falles Feuerwehr spielen kann. Es genügt, die Innenwände zu begießen, damit der Räuchervorgang selbst nicht unterbrochen wird. Ein Holzfass als Räuchertonne sollte man nie zu lange aus den Augen lassen!

Ein Häuschen zum Räuchern

Wer einmal so richtig Geschmack am Räucherfisch und am Räuchern mit allem Drumherum gefunden hat, für den wird die Sehnsucht nach einem eigenen Räucherhäuschen immer größer. Doch braucht man dafür natürlich einen geeigneten großen Garten, einen Schrebergarten oder ein Grundstück, das man für mehrere Jahre anlegen kann. Der Vorteil eines Räucherhäuschens ist, dass man es wohl zu allen Jahreszeiten benutzen kann und letztendlich – wenn es nach jedem Räuchergang entsprechend gelüftet wird – auch zum Räuchern und Garen von Fleisch, Fisch und Wurst, ja sogar eines Spanferkels nutzen kann.

Ersten Besitzerstolz als Räucherhäuschen-Hausherr empfindet man schon bei der Vergabe des Auftrags an einen Maurermeister oder Ofenbauer oder bei planenden Gesprächen mit Nachbarn oder Freunden, die beim Bau des Häuschens helfen könnten. Mit einigem Eifer und Fleiß lässt sich auch das Mauern lernen.

Wichtig ist noch, sich bei der Wahl des Aufstellungsortes Rat bei der zuständigen Baubehörde der Stadt, der Kommune oder des Landratsamtes einzuholen, vor allem wegen der Nachbarschaftsrechte; und auch die feuerpolizeilichen Vorschriften müssen eingehalten werden. Doch in der Regel sind diese amtlichen Hürden überwindbar.

Natürlich sollte das Räucherhäuschen möglichst weit vom Nachbarhaus und von der Wäschespinne des Nachbarn entfernt sein, wegen der möglichen Rauchbelästigung je nach Wind. Als Baufläche für das Fundament reichen 1,50 × 1,75 Meter. Das Fundament soll frosttief sein, also sollte man das Erdreich 60 bis 70 Zentimeter ausheben und diese „Baugrube" dann betonieren. Darauf werden etwa 70 bis 90 Zentimeter hohe Grundmauern aus Ziegeln gesetzt. Am besten, jedoch auch am teuersten sind Klinker-

Frisch geräucherte Fische aus einer selbst gefertigten Räuchertonne.

steine. Das Feuerloch mit Aschenkasten muss hier natürlich ausgespart werden.

Auf die Grundmauern kommt dann die eigentliche Räucherkammer: 1,50 Meter hoch, will man gleich mehrere „Ränge" Fische oder auch Fleisch auf einmal räuchern. Die Räucherkammer muss doppelwandig sein: außen die Ziegelsteine und zur Innenverkleidung müssen Schamottsteine und Schamottmörtel verwendet werden; es gibt sie in spezialisierten Baugeschäften, Baumärkten oder beim Fliesenleger in verschiedenen Größen.

Im Innern der Räucherkammer müssen an den Seitenwänden entsprechende Schienen eingemauert werden: zum Einhängen des Räuchergutes und als Einschub für das durchlöcherte Stahlblech – oder den Stahl-

Der große Stolz jedes Fischräucherers: das eigene, frei stehende Räucherhäuschen.

rost – zum Auffangen des eventuell abtropfenden Fettes.

Was dann noch fehlt ist die Abdeckung, die mit einem dicken Stahlblech oder auch mit Schamottsteinen konstruiert werden kann. Den Kamin-Anschluss spart man mit einem kreisrunden Loch auf der Rückseite aus, in das dann ein Stahlblech-Ofenrohr eingelassen wird, so wie es im Handel für Kaminöfen erhältlich ist. Das Ofenrohr muss mit Dübeln und einer Halterung an der Rückwand des Räucherofens festgemacht werden.

Für die Tür des Räucherofens und für den Feuer- und Aschekasten lässt man sich entsprechende Stahlblech-Konstruktionen mit Scharnieren schweißen; sie werden mit Riegeln versehen, die man mit einem Vorhängeschloss abschließen kann. Eigentlich wäre damit das Räucherhäuschen schon funktionsfähig. Um es vor Wind und Wetter zu schützen und vor

Auch so kann ein selbst gebautes Räucherhäuschen aussehen.

allem um einen schönen „architektonischen" Anblick zu gewinnen, sollte man jedoch auf zwei Dinge nicht verzichten: Man lässt sich von einem Klempner eine konische Kuppel anfertigen und eventuell auch das Kaminrohr zum Beispiel mit einem kupfernen oder verzinkten Kaminblech viereckig oder als Satteldach verkleiden.

Bevor man sein „Räucher-Domizil" das erste Mal so richtig anfeuert, muss das Mauerwerk gute zwei Wochen austrocknen. Bei der ersten Befeuerung verzichtet man auf das Einhängen von Räuchergut, um so einen möglichen Kalkgeruch durch das gänzliche Trocknen des Mörtels zu verhindern.

Bei der Konstruktion sollten Räucherthermometer nicht vergessen werden: Eines ist 50 Zentimeter über dem Boden mit der Feuerung anzubringen und eines in der Höhe des am höchsten eingehangenen Räucherguts, also dort, wo später die Fischköpfe hängen.

Schön ist es natürlich, wenn das Umfeld des Räucherofens zum Beispiel mit einer gemauerten Holzlege, einer Ablage aus Klinkersteinen und einem dazu passenden Ziegelpflaster gestaltet wird. Ist alles so zum Besten gelungen, wird es sicherlich ein in steter Erinnerung bleibendes Richtfest geben, zu dem die ersten selbst geräucherten Köstlichkeiten serviert, Bier vom Fass und ein „Klarer" ausgeschenkt werden.

Die Räucherkammer im Keller

Versteht man sich aufs Mauern, dann lohnt sich der Selbstbau von Räucherkammern in Kellergeschossen unter entsprechender fachlicher Aufsicht. Es gilt dabei alles, was bereits im Kapitel bei den Räucherschränken und -häuschen über die feuerpolizeilichen Auflagen und über das Funktionieren eines guten Abzugs gesagt wurde. Auch vor dem Bau einer solchen Räucherkammer sollte man sich mit dem zuständigen Schornsteinfeger

> **Folgende Vorschriften gelten beim Bau einer Räucherkammer**
> - Den Boden der Räucherkammer bedeckt eine Schicht Ziegeln oder Fliesen.
> - Die Ziegelsteine der Wände müssen mindestens 11,5 cm dick sein.
> - Als Abdeckung sind zwei im Fugenwechsel verlegte Ziegelflachsteine zu verwenden.
> - Die Öffnungen für die Frischluft müssen zueinander im rechten Winkel liegen.
> - Die äußere Öffnung für Frischluft muss mit einem Viellochstein verschlossen sein.

und mit einem Referenten des Bauamts in Verbindung setzen.

In einem Auszug der Feuerungsanlagenverordnung heißt es: „Räucheranlagen sind so anzuordnen, herzustellen und einzurichten, dass sie ordnungsgemäß betrieben und gereinigt werden können und nicht zu Gefahren und unzumutbaren Belästigungen führen. Räucherkammern und -schränke müssen aus nicht brennbaren Baustoffen hergestellt werden.

Die raumabschließenden Bauteile von Räucherkammern müssen feuerbeständig sein; Türen aus nicht brennbaren Baustoffen bestehen.

Beobachtungsöffnungen müssen ausreichend widerstandsfähig gegen Feuer sein. Alle Einbauten müssen ebenfalls aus nicht brennbaren Baustoffen bestehen. Schieber zur Umleitung der Rauchgase müssen betriebssicher sein. Räucherkammern und -schränke mit innenliegender Befeuerung müssen so beschaffen sein, dass herabfallendes Räuchergut nicht in die Befeuerung oder deren brandgefährliche Nähe gelangen kann. Räucherkammern müssen eine ausreichende und sichere Frischluftzufuhr haben.

Räucherkammern mit innenliegender Feuerung dürfen nur in Räumen errichtet werden, die mindestens feuerhemmende Wände und Decken aus nicht brennbaren Baustoffen haben, und nicht in Räumen, in denen leicht entzündliche oder explosionsgefährliche Stoffe verarbeitet oder gelagert werden oder in denen solche Stoffe auftreten können."

Auch in Räucherkammern ist nur Kalträuchern bei Temperaturen zwischen 15 und 20 °C oder das Räuchern bei Temperaturen zwischen 20 und 50 °C möglich. Der Rauch sollte ebenfalls nur mit Sägemehl oder Sägespänen erzeugt werden.

Ausreichend Frischluftzufuhr ist für Räucherkammern gleichermaßen wichtig wie für Räucherschränke. Von der Größe der Anlage ist abhängig, wieviel Frischluft zugeführt werden muss und wie groß der Durchmesser des Kaminrohres und des Kamins sein müssen, damit die Glut nicht nach kurzer Zeit erstickt.

Zubehör

Was man vor allem braucht, sind spezielle **Räucherhaken**. Sie sind wichtig, damit es einem nicht so ergeht, wie mir bei meinen anfänglichen Versuchen, Fische möglichst unkompliziert im Rauchfang des offenen Kamins zu räuchern: Beim ersten Versuch und der Präsentation meiner Räucherfische für Freunde klappte ja alles vorzüglich.

Räucherhaken aus Edelstahl mit zwei Widerhaken gibt es in Anglergeschäften zu kaufen.

Ich hatte Forellen mit einem Gewicht von gut 200 Gramm mit einer Schnur hinter den Kiemen an einer Holzlatte direkt in den Kamin gehängt, tüchtig gefeuert und den Fisch nach zwei Stunden auch rauchfrisch serviert.

Nachdem alle Gäste davon restlos begeistert waren, sollte dieses bis dahin einmalige Abendessen wiederholt werden. Die zweite Einladung folgte. Diesmal hatte ich es besonders gut gemeint und bei einer nahen Fischzucht-Anstalt eingekauft: größere Forellen mit einem Gewicht von gut 500 Gramm. Die Fische wurden nass eingelegt und wie bewährt am Schornsteinende meines offenen Kamins eingehängt – so wie man es von Max und Moritz her kennt.

Zwei Stunden danach wurde der Tisch gedeckt und der Hausherr stieg aufs Dach,

Haken aus Edelstahl kann man mit einigem Geschick auch selbst anfertigen. Hier die wichtigsten Arbeitsschritte.

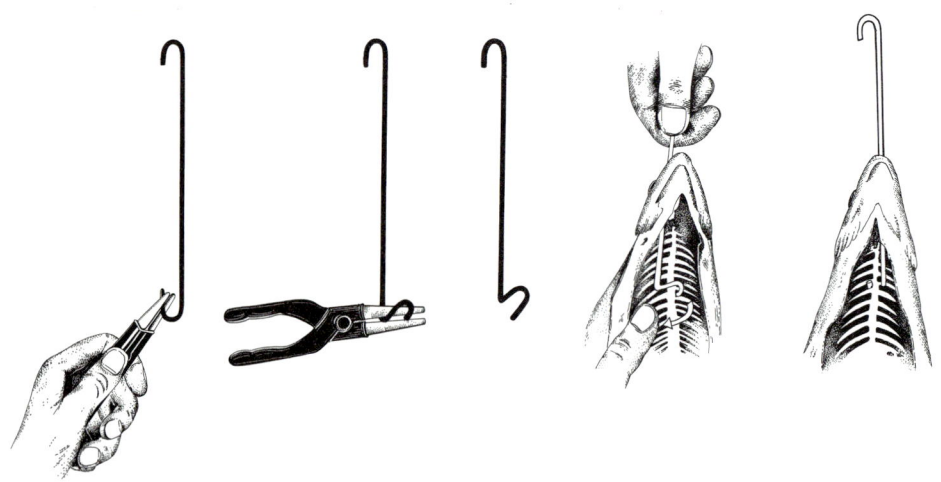

Mit Holzstäbchen und Paketschnur: So können größere Fischhälften sicher zum Einhängen in Räucherkammern vorbereitet werden.

um die frischen Prachtexemplare aus dem Rauch zu holen. Doch als ich die Latte mit den an einer Kordel hinter den Kiemen befestigten Fischen hob, kam sie mir sehr leicht vor. Und ich konnte gar nicht glauben, dass diesmal die Fische durch das Räuchern gleich soviel Gewicht verloren haben könnten. Kurzum, es war eine Tragödie: Die Fischleiber hatten sich während des Heißräucherns von den Köpfen getrennt und waren in die Tiefe gefallen, also dorthin, wo sonst der Schornsteinfeger den Ruß herausholt.

Die Moral von der Geschichte: Spezielle Räucherhaken, die ein solch unliebsames Schauspiel verhindern, sind sehr wichtig beim Räuchern. In Fachgeschäften und bei Herstellern von Räuchergeräten kann man sie kaufen. Sie sind aus Edelstahl und werden durch das Fischmaul in den Fischbauch geschoben, wo sich dann Widerhaken im Bereich um das Rückgrat festsetzen.

Eine gute Lösung und selbst zu fertigen sind auch Haken aus Edelstahldrähten, am Ende gerundet und wie Angelhaken gefeilt. Man dreht sie in den Fisch, so dass sie die Rückgratgräte umschlingen (Siehe Seite 62).

Auch **Räucherthermometer** sind unentbehrlich. Wer sich Räuchertonne, -ofen, -kammer oder -häuschen selbst baut, der sollte sich auf alle Fälle rechtzeitig ein Räucherthermometer zulegen. Es gibt sie in vielen Ausfertigungen und bereits ab 15 Euro in den im Anhang aufgeführten Spezialgeschäften und -firmen. Die Thermometer sind in Messbereichen zwischen null und 200 °C erhältlich. In den meisten Fällen reicht je-

doch ein Gerät, das bis 120 °C geeicht und mit einer entsprechenden Skala versehen ist (siehe Abbildung Seite 47).

Geeignetes Holz zum Räuchern

Für das Räuchern vor Ort, also direkt an Ufern und Campingplätzen, ist es am bequemsten, sich von einem Sägewerk Buchenholz-Sägespäne zu holen; jeder Sägewerksbesitzer gibt sie einem gerne für ein Trinkgeld oder ein „Vergelt's Gott". Findet sich in der Nähe kein Sägewerk, kann man in Anglergeschäften entsprechend abgepackte Räucherspäne und Räuchermehl erwerben, die teilweise auch bereits Würzmittel enthalten.

Nicht empfehlenswert ist es, sich aus dem Spänebunker von Schreinereien mit Sägespänen zu bevorraten, denn dann und wann werden auch Hölzer zersägt, die mit Farbe behandelt wurden.

Für eine Räuchertonne, einen Räucherofen oder eine Räucherkammer sollte man sich rechtzeitig vor seinem Räuchereinsatz das entsprechende Holz – vom Förster oder vom Besitzer eines Privatwaldes – besorgen, um es zum Beispiel an der Südseite eines Hauses aufzuschichten und zu trocken. Das Trocknen darf keinesfalls von Staunässe unterbrochen werden, sonst modert das Holz leicht und das könnte den guten Geschmack des Räucherguts verderben.

Guten Gewissens kann das Holz folgender Bäume zum Räuchern empfohlen werden: Buche, Erle und Kirsche. Auch Äste sind geeignet, die man oft als Abfallholz gegen Abholung im Wald geschenkt bekommt. Von Birkenholz raten die Experten immer mehr ab; es hat zwar einen intensiven Rauch, aber ebenso einen hohen Teergehalt.

Was noch gebraucht wird

• Küchenwaage
• Spitze Gabeln
• Scharfe Messer mit dünner Klinge
• Schneidebrett zum Filetieren
• Wannen oder Eimer zum Einsalzen
• Küchentücher zum Trocknen der Fische
• Aräometer zum Messen des Salzgehalts

Getrocknete Räucherspäne aus Hartholz gibt es in Anglergeschäften zu kaufen.

Die stark harzhaltigen Hölzer von Tanne, Fichte, Kiefer und Koniferen kommen für das Räuchern von Fischen nicht in Frage; das gilt auch für das Wurzelholz. Beim Räuchern von Fleisch ist die Situation eigentlich nicht anders, nur bevorzugen Bauern in waldreichen Gegenden für ihr Geräuchertes eben den harzigen Geschmack dieser Holzarten.

Wichtig ist, dass das Räucherholz gut abgetrocknet verwendet wird. Auch das Räuchermehl und die Späne sollten keinesfalls in stickigen Kellern aufbewahrt werden, da sich dort leicht Schimmel daran bilden kann. Am besten nimmt man zur Lagerung einen normalen Kartoffel- oder Papiersack, der unverschlossen bleibt. Wird man aber einmal beim Räuchern vom Regen überrascht, sollten das nass gewordene Holz ebenso wie Sägemehl und Späne bei Sonnenschein auf einer Folie zum Trocken ausgebracht werden.

Wenn auch offiziell den gewerblichen Anwendern verboten, wird in moorreichen Gegenden noch immer getrockneter Torf zur Feuerung verwendet. Vor allem in Irland lagert hierzu fast hinter jedem (Ferien-)Haus genügend Torf, um die gefangenen Fische gleich in den offenen Kamin hängen zu können.

Nach den Lebensmittel-Hygienevorschriften – die zwingend zu befolgen sind, wenn die geräucherten Fische in den Handel gebracht werden – ist es verboten, Wasser, wässrige Lösungen und andere Rauch erzeugende Zusatzstoffe beim Räuchern in Anwendung zu bringen.

Verboten beim gewerblichen Betrieb von Räucheranlagen ist nach dem Bundesdeutschen Lebensmittelgesetz – das sich auch in der Schweiz und in Österreich in ähnlicher Abhandlung findet – der Räucherung und der goldgelben Farbe der Fische mit geräuchertem Öl oder mit Holzessig, Harzen und Pech Nachdruck zu verleihen.

Wenn auch die private Räucherei nicht der staatlichen Kontrolle unterliegt, so sollte man sich ebenfalls nach diesen Vorschriften

Wer genügend trockenes Holz hat, ist für das Heißräuchern gut gerüstet.

richten – schließlich geht es darum, gesundheitlichen Schäden vorzubeugen.

Was nicht in den Räucherofen darf

Ein gewissenhafter Räucherer geht auch bei der Auswahl des Brennmaterials gewissenhaft vor. So sind zum Beispiel Kamine und Feuerungen für das Räuchern tabu, wenn in ihnen einmal Hartfaster- und Spanplatten, Gummi und Plastik, Kartonagen und Druckerzeugnisse verbrannt worden sind, was ja ohnehin verboten ist! Denn mit jeder Erwärmung können sich die im Kamin abgelagerten Schadstoffe wieder aktivieren und gesundheitliche Schäden anrichten.

Auf keinen Fall sollte man dulden, dass beim Räuchern Abfälle, Küchenreste, Zigarettenkippen oder ähnliches in die Glut geworfen werden. Deshalb sollte man auch den Räuchervorgang nie so recht aus dem Auge verlieren.

Fehler beim Räuchern – Ursachen und Lösungen

Störungen bei der Rauchentwicklung oder das Sägemehl will nicht so richtig brennen.

Hier sind mehrere Ursachen möglich:
- Der Querschnitt des Schornsteins ist zu gering bemessen; der Luftdruck muss mindestens 1,5 bis 2 bar betragen. Testen kann man es mit einem brennenden Streichholz, das man an den Abzug des Räucherofens hält: Es verlischt innerhalb kürzester Zeit.
- Luftstau steht im Kamin und verhindert das Glimmen des Feuers. Meistens hilft es schon, die Kaltluft aus dem Kamin zu treiben, indem man zerknülltes Papier im Putzloch des Kamins verbrennt, also dort wo der Kaminkehrer den Ruß herausholt.
- In dem Raum, indem sich Räucherkammer oder Räucherschrank befinden, ist zu wenig Frischluft. Vorübergehend hilft es, ein Fenster oder die Tür zu öffnen und Luft in den Raum strömen zu lassen. Langfristig sollte man überlegen, wie konstant mehr frische Luft in den Raum gelangen kann.
- Das Sägemehl ist zu nass und brennt daher nicht an. Hier hilft nichts anderes, als das Sägemehl zu trocknen, an der Sonne oder in einem warmen Raum.
- Man hat vergessen, den Rauchabzug oder Rauchverteiler zu öffnen. Der Abzug muss dann frei gemacht werden.

Das Sägemehl verbrennt zu schnell oder fängt mit kleinen Flammen zu züngeln an.
Ursache: Kann ein zu starker Rauchabzug sein. Dem ist abzuhelfen, wenn man beim Abzug zum Schornstein einen Blechschieber einbaut, mit dem sich die Abluft verringern lässt. Zugleich sollte man in einem solchen Falle das Sägemehl leicht anfeuchten.

Die Fische werden zu trocken geräuchert.
Ursache: Das kann auch durch einen zu starken Luftzug im Schornstein verursacht werden; die Temperaturen werden dann zu hoch. Auch in solchen Fällen ist der Abzug hin zum Schornstein mit einem einfachen Blechschieber zu regeln.

Der Fisch ist nicht goldgelb, sondern rußig oder auch teils verkohlt.
Ursache: Der Fisch hing nicht über glimmender Glut, sondern über lodernden Flammen; der Abstand zwischen Räuchergut und Glut war zu gering bemessen.

Der Räucherfisch ist fleckig.
Ursache: Die Fische wurden zu eng aneinander gehängt, haben sich berührt und sind schließlich zusammengeklebt. Der Rauch konnte somit nicht an alle Bereiche der Haut gelangen.

Die Fische sind ins Feuer gefallen.
Ursache: Ist jedem schon mal passiert. Ursache ist allein die unzureichende Aufhängung. Am besten vernünftige Räucherhaken basteln oder kaufen, deren Widerhaken das Rückgrat des Fisches umschließen. Ganz große Fische muss man in ein Edelstahl-Drahtgeflecht geben.

Die teils goldgelbe Fischhaut hat Schlieren.
Ursache: Der Fisch wurde nicht gründlich genug gesäubert. Beim Erwärmen liefen Schleim und Blut über die Außenhaut und sorgten für das unschöne Aussehen. Wichtig ist es, die Kiemen gänzlich zu entfernen, bevor der Fisch in die Lake kommt.

Die Bauchlappen der Fische rollen sich ein.
Ursache: Man hat eine zu geringe Feuerung, die Hitze war zu gering. Deshalb Fische herausnehmen und nochmals für eine stärker glimmende Glut sorgen.

Für die Herstellung einer Glut zum Heißräuchern ist auch das Holz von Obstbäumen, zum Beispiel Birnbaum, gut geeignet.

Der geräucherte Fisch lässt sich schwer enthäuten und entgräten.
Ursache: Der Fisch wurde zu lange oder/ und unter zu großer Hitze geräuchert. Die Lösung ist in diesem Falle nur, es beim nächsten Räuchergang besser zu machen, denn auch beim Räuchern gilt: Aus Erfahrung wird man klug!

Der Fisch nach dem Räuchern

Das Abkühlen

Nach dem Räuchern darf man Fische keinesfalls aufgeschichtet lagern, sondern man sollte sie am Haken in einem kühlen Raum auskühlen lassen, oder auf einem staubfreien Gelände im Schatten. Es ist nicht empfehlenswert, die heißgeräucherten Fische gleich nach dem Räuchern in den Kühlschrank zu geben, denn das würde auf jeden Fall Geschmacksverluste bedeuten. Gänzlich abgekühlt ist der Fisch nach etwa zwei Stunden. Hat man bei größeren Mengen nicht

genügend Haken zur Verfügung, können die Fische auch auf einem Gitterrost abgekühlt werden. Wenn der „Fleischsaft" des Fisches geliert ist, gilt der Fisch als vollständig ausgekühlt.

Gewichtsverlust

Studiert man die aktuellen Marktpreise, wird man den durch das Räuchern entstehenden Gewichtsverlust wohl gern verschmerzen können. Je nach Tagespreis und Saison werden zum Beispiel Forellen pro 100 g ab 70 Cent angeboten. Im geräucherten Zustand dagegen werden sie kaum unter dem Freundschaftspreis von 3 bis 4 Euro abgegeben: Im Laden zahlt man für eine Räucherforelle mit einem Gewicht von 250 bis 300 g gut und gern 4 Euro, im Lokal werden sie kaum unter 9 Euro angeboten.

Doch zurück zum Gewichtsverlust: Kauft man die Forelle fangfrisch direkt vom Fischer – also nicht ausgenommen –, verliert der Fisch allein durch das Ausnehmen und Reinigen rund 15 bis 20 Prozent seines Gewichts, der Größe entsprechend.

Die Haltbarkeit des Räucherguts

Der Fisch wird zwar durch das Salzen und Räuchern haltbar – doch das auch nicht für ewige Zeiten. Die im Rauch enthaltenen Stoffe haben zwar eine keimhemmende Wirkung, aber dennoch sollte man auch den geräucherten Fisch immer möglichst bald verzehren.

Sicherlich schmeckt er frisch vom Rauch her gleich auf den Teller am besten. Doch wer gleich ein Dutzend dieser wertvollen Lebensmittel räuchert, der kann sie – auch mit einer großen Familie – nicht gleich alle verzehren.

Bei der Aufbewahrung von Räucherfisch muss man genauso peinlichst sauber vorgehen wie etwa beim Einsalzen und Räuchern selbst. Keinesfalls verzeiht der Räucherfisch beim Lagern eine Nachbarschaft mit Heizöl, Sauerkraut, Fleisch, Wurst, Käse oder dergleichen – sein Geschmack wäre letztendlich verdorben.

In der Praxis bedeutet das: Abgedeckt, aber in einem luftdurchlässigen Behältnis im Keller bei Temperaturen um die zehn bis zwölf Grad Celsius können geräucherte Fische höchstens zwei Tage lagern, im Kühlschrank dagegen bis zu fünf Tagen.

Man kann einen Räucherfisch im Kühlschrank auch bis zu acht Tagen bei Geschmack halten: Der Fisch muss dann fest verschlossen in einem Gefrierbeutel aufbewahrt werden, aus dem mit einem guten Vakuumgerät die Luft fast vollständig abgesaugt wurde. Die für 30 bis 50 Euro in Haushaltsgeschäften erhältlichen Geräte sind nicht unbedingt zu empfehlen, denn sie saugen die Luft in den Gefrierbeuteln nur unzureichend ab. Effektiver ist es, die Luft mit dem Mund aus den Tüten zu entfernen.

Einfrieren von Räucherfischen

Je schneller der Vorgang des Einfrierens und je tiefer die Temperaturen, umso besser die Haltbarkeit der Räucherfische.

Es gilt das Gleiche wie beim Einfrieren der ungeräucherten Fische: Man sollte sie nicht in ganzen „Schwärmen" einfrieren, sondern einzeln im Gefrierbeutel verpackt. Es sollte möglichst alle Luft aus dem Gefrierbeutel abgesaugt werden, bevor er zugeschweißt oder mit einem Clip fest verschlossen wird. Hat man kein Schockgefrierfach,

stellt man den Eisschrank auf die niedrigste Temperatur ein.

Im Gefrierfach verliert der Räucherfisch nach einiger Zeit immer mehr von seinem typischen Geschmack und von der ansprechenden Farbe; er wird trockener. Deshalb sollte er nicht viel länger als zwei Monate im Eis liegen – eine Faustregel.

Aufgetauten Räucherfisch serviert man nicht kalt; sondern man wird ihn auf alle Fälle vorab im Backofen oder in der Microwelle aufwärmen, damit er seinen vollen Geschmack entfaltet.

Räucherfische im Geschenkkorb

Das ist wirklich ein nicht alltägliches Geschenk: ein Korb mit Räucherfischen aus eigener Herstellung. Hier kann man seine Räucherphantasien so richtig ausleben und sich ein echtes Lob für seine Kunst verdienen.

Die „Verpackung" muss nicht immer ein geflochtener, unbehandelter Weidenkorb sein. Man kann sich selbst eine kleine Kiste aus dünnen Brettern zusammennageln, sie mit Pergamentpapier auslegen und den Deckel mit einer Brennnadel oder mit dem Lötkolben beschriften, zum Beispiel mit den Glückwünschen für den oder die Geehrten. Damit das Geschenk wertvoller wird, sollten gleich mehrere geräucherte Fische oder Filets schön präsentiert werden. Dazu noch ein Dillsträußchen, eine Flasche Aquavit oder ein guter Wein. Wer tiefer in den Geldbeutel greifen will, kann noch ein Filetiermesser oder anderes passendes Gerät hinzutun.

Geräucherten Fisch genießen

Fisch-Essen will gelernt sein

Jeder wird schon in einem Restaurant beob-
achtet haben, wie sich manche Leute auf
ihrem Teller so richtig mit dem Fisch „her-
umschlagen". Trotz Fischmesser werden sie
ihm einfach nicht Herr; zerlegen den Fisch
falsch und gehen schließlich dazu über, mit
den Fingern die Gräten aus dem Fischfleisch
herauszuzupfen – anstatt sich mit (Fisch-)
Messer und Gabel der Gemütsruhe und dem
Fischgenuss hinzugeben.

Beherzigt man nur einige wichtige
Regeln, können einem solche Blamagen
erspart bleiben. Dem Fische-Räucherer
jedenfalls darf beim Kredenzen seiner Köstlichkeiten solches Ungemach keinesfalls
widerfahren.

Bei Barschen, Forellen, Renken, Heringen
oder Makrelen durchtrennt man mit einem
spitzen, scharfen Messer zuerst die Haut entlang der Seitenlinie, sie zeichnet sich an der
Fischhaut von den Kiemen bis zur Schwanzflosse ab.

Wie eine Decke wird dann die einge-
schnittene Haut nach unten und oben
zurückgeklappt, mit der Gabel oder auch mit
der Hand. Anschließend wird das frei lie-
gende Filet an der Seitenlinie getrennt und
von der Rückengräte gelöst.

Die Rückengräte liegt nun frei. Mit dem
Messer trennt man sie vom Kopf ab und zieht
sie von der Schwanzflosse aus nach vorne.
Bleiben einige Gräten im Fischfleisch hängen, entfernt man diese mit der Messerspitze
oder mit der Gabel; zumeist bleiben am
Bauch des Fisches einige Gräten an der Fischhaut kleben und mit ihnen Fischfleisch.

Doch ist dies geschafft, wendet man den
Fisch, so dass beim zweiten Filet die Fischhaut nach außen zeigt, man zieht diese einfach von hinten her ab und das Filet liegt fein
säuberlich entgrätet auf dem Teller.

Damit Kopf, Schwanz und Gräten nicht
das ganze Essen über den eigenen Teller

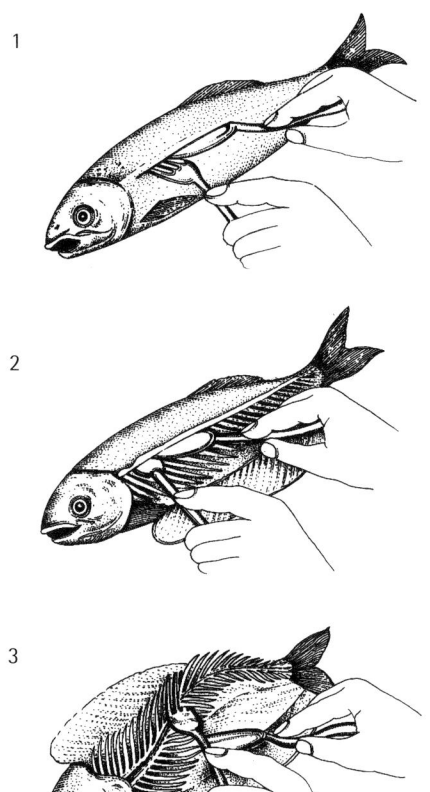

So wird Fisch-Essen zum Genuss:
1 Durchtrennen Sie die Haut entlang der Seitenlinie.
2 Klappen Sie das Filet mit einer Gabel zurück.
3 Trennen Sie die Rückengräte vom Kopf und
ziehen Sie sie von der Schwanzflosse aus nach
vorne.

belasten und entsprechend unansehnlich
machen, sollte jeder Gastgeber rechtzeitig
einen zusätzlichen Teller dafür zum Ablegen
bereitstellen; nach dem Filetieren sollte er
die Überreste vom Tisch entsorgen, in den

Mülleimer und später dann gleich in die Mülltonne.

Beim Räucheraal gelten andere Regeln. Mit einem scharfen Messer wird entlang des Rückens die Haut getrennt und auch die Haut an der Bauchseite vom Kopf oder Schwanz her aufgeschlitzt, soweit dies beim Ausnehmen nicht schon geschehen. Anschließend nimmt man den Fisch am Schwanz und zieht einfach die Haut von hinten her ab, was bei einem frisch geräucherten Aal keinerlei Schwierigkeiten bereiten dürfte.

Legendäre Spezialitäten

Wenn der Kabeljau zum Stockfisch wird

Für die seefahrenden Völker war der Kabeljau der Brotfisch schlechthin. Er ernährte die Menschen zu Lande wie auf dem Wasser. Als der berühmte spanische Seefahrer Vasco da Gama (1469–1524) sich als Erster aufmachte, Ende des 15. Jahrhunderts auf dem Seeweg Afrika zu umfahren, lebten er und seine Matrosen fast ausschließlich von dem anmutigen Fisch mit den Leopardenflecken: dem Kabeljau.

Die Gier der Menschen und nicht die der Haie haben den „baculum" mit seinem wunderbaren weißen Fleisch, dessen Geschmack ein wenig an den Steinbutt erinnert, heutzutage leider zu einer gefährdeten Art werden lassen.

Er kommt zumeist als Frischfisch und zu Fischstäbchen verarbeitet auf den Markt. Der Kabeljau eignet sich auch ideal zum Kalt- wie Heißräuchern.

Schon früh wurde dieser Bodenfisch zur Konservierung entdeckt, als Stockfisch getrocknet oder als Klippfisch gesalzen und getrocknet.

So wird der Kabeljau zu Stockfisch verarbeitet: Man schlitzt den Fisch an der Bauchseite auf und entfernt seine Mittelgräten bis hin zum Schwanzstück. Am Schwanz wird er mit einer Schnur an einem Gestell im Freien aufgehängt.

Um einen Klippfisch herzustellen, wird der fein gesäuberte Kabeljau vor dem Trocknen auf Lagen trockenen Salzes eingelegt, am besten schichtweise in einem Holzfass. Je nach Größe der Fische sollte dieser Vorgang 8 bis 15 Tage dauern. Das Holzfass oder der entsprechende Behälter muss jedoch so konstruiert sein, dass die entstehende Salzlake abfließen kann. Anschließend sind dann die Fische ebenfalls mit dem Schwanz nach oben aufzuhängen.

Etwa zwei bis drei Monate hängen die Fische zum Trocknen und sind Wind und Sonne ausgesetzt; vor Regen muss man sie jedoch schützen.

Zuerst einsalzen

Wer ein Gericht aus Stockfisch oder Klippfisch zubereiten will, sollte wissen, dass der getrocknete Fisch zuerst gründlich entsalzt werden muss. Man legt ihn deshalb mindestens 24 Stunden in frisches Wasser ein, das mehrmals erneuert werden muss, damit das Salz ausgespült wird. Bei größeren Exemplaren oder in Scheiben geschnittenen Stücken muss man sogar 36 Stunden für das Entsalzen rechnen.

Gerne werden Stockfische auch zu Stockfischklößchen verarbeitet. Dabei werden die eingeweichten, von Haut und Gräten befreiten Fische durch den Fleischwolf gedreht, mit pürierten Pellkartoffeln, gehackten Zwiebeln, Knoblauch, Petersilie, Eiern, Pfeffer und Muskat vermengt. Dann formt man mit Hilfe von zwei Esslöffeln Klößchen, die in Olivenöl herausgebacken oder frittiert werden.

Ein schmackhaftes Geschenk: Kieler Sprotten, in einem Holzkistchen verpackt.

Sprotten lassen sich aus kleinen Heringen leicht selbst zubereiten. Es genügt, wenn man die Fische nur 15 Minuten lang in eine gut 80-prozentige Salzlake legt, ihnen anschließend ein ganz dünnes Holzstäbchen durch die Kiemen steckt und sie in zwei Intervallen heißräuchert. Zuerst sollte man die Temperatur eine Dreiviertelstunde lang bei rund 30 °C im Rauch halten, dann anschließend noch eine halbe Stunde bei gut 80 °C.

Sind sie nicht gleich zum unmittelbaren Verzehr gedacht, kann man die geräucherten Fische bei kühler Lagerung ein paar Tage aufbewahren: in einem sauberen Gefäß oder auch in einem Holzkistchen, das man mit Pergament- oder Ölpapier auslegt; es ist dann gut, wenn die in Lagen gelegten Sprotten mit Olivenöl bedeckt werden.

Für die langfristige Bevorratung ist es notwendig, die gesalzenen und geräucherten Sprotten in einem sterilisierten Gerät und mit Anreicherung durch Olivenöl nochmals 30 Minuten bei 80 °C zu erhitzen und dann luftdicht in einem Gefäß zu verschließen.

Kieler Sprotten

Wer kennt sie nicht, wer liebt sie nicht: die Kieler Sprotten! Goldgelb lachen sie einen so richtig an, wenn man in die Auslage eines Fischgeschäfts blickt.

Die Heimat dieser norddeutschen Räucherspezialität mit Weltruhm ist das meerumschlungene Schleswig-Holstein, das an die Nord- und Ostsee gleichermaßen angrenzt.

Als nahe „Verwandte" des Herings sind die Sprotten kleiner; mit einem Fangmaß von etwa 15 Zentimeter werden sie in Küstennähe und an den Mündungen der Flüsse gefangen. Den Namen „Kieler Sprotten" darf diese Delikatesse nur dann tragen, wenn die Fische in der Kieler Bucht gefangen wurden. Doch bei der häuslichen Verwertung spielt das sowieso keine Rolle. Vom Wettbewerbsrecht her ist dagegen nicht vorgeschrieben, wo sie geräuchert werden müssen, damit sie diesen Namen tragen dürfen. Die in den Handel gelieferten „Kieler Sprotten" kommen deshalb nicht nur aus Großräuchereien in Kiel, sondern auch aus Eckernförde und Kappeln.

Schillerlocken

Eine weitere begehrte Räucherfisch-Spezialität – und in allen Fischgeschäften erhältlich

Wundersame Wandlungen

Eine namentlich gar wunderbare Verwandlung vollzieht sich beim Rückenstück des Dornhais, das durch das Räuchern zum Seeaal wird, so die handelsübliche Bezeichnung. Übrigens wird im geräucherten Zustand der Heringshai zum Kaibfisch und geräucherte Stücke des Grauhais kommen als Speckfisch in den Handel.

– sind die Schillerlocken. Bei dieser Spezialität handelt es sich um die dünnen Bauchscheiben des Dornhais, die sich beim Räuchern nach innen eingerollt haben. Ob und in welchem Zusammenhang sie mit dem großen deutschen Dichter Friedrich von Schiller und dessen Haarpracht zu verbinden sind, ist allerdings nicht ganz klar.

Ein Bückling vor dem Bückling

Sie sind einfach lecker anzusehen und duften vorzüglich nach Fisch und Rauch: die schön in Holzkisten geschichteten, goldgelb schillernden Bücklinge. Es ist der Hering, den das Räuchern zum Bückling machte. Selbst der „Eiserne Kanzler" Otto von Bismarck soll vor ihm einen Bückling gemacht haben, nicht nur weil er als erwiesener Feinschmecker den Hering als Delikatesse so sehr schätzte, er bekam ihn sogar von seinem Hausarzt verordnet. Doch wahrscheinlich dürfte der Volksmund diesen Namen von der Ähnlichkeit abgeleitet haben, die der Hering – durch den Rauch etwas gekrümmt – mit den sich vor Ergebenheit „bückelnden" Beamten des Kaiserreichs hatte.

Doch neben dem Haltbarmachen durch Einsalzen und Rauch ersann Bismarcks Koch eine weitere Methode, damit der Gründer des Deutschen Reiches auf seinen Gütern östlich der Elbe nicht auf den Hering verzichten musste: Er befreite den Hering von Kopf und Gräten und marinierte ihn zwei bis drei Tage lang mit Zwiebelringen, Gewürzen und Essig, womit der Bismarckhering „geboren" war. Bismarck zu seiner Zeit: „Wäre der Hering so selten wie Kaviar, würde man ihn als feinsten Leckerbissen gelten lassen."

Nicht nur die Hochseefischerei macht im Frühjahr, im März und April, darauf Jagd. Wenn der Zug der Heringe die Gestade der Nordsee erreicht, ziehen auch die Sportangler gleich los, um sich an ihren Fanggründen einen guten Platz vor der Konkurrenz zu sichern.

Und natürlich kann man dann diesen reichen Fischfang nur richtig auskosten, wenn man Räuchertonne oder Räucherofen anwirft, um den Segen des Meeres auch langfristig verwerten zu können.

Spezielle Räucherrezepte

Aale nach fränkischer Art

Die Aale werden getötet und mit trockenem Sand, Torf oder Zeitungspapier abgeschleimt. Leichter gelingt das Abschleimen, wenn Aale – wie auf Seite 31 beschrieben – vor dem Töten mit Salmiakgeist betäubt wurden.

Danach werden die Aale vom After bis etwa einen Zentimeter vor dem Unterkiefer aufgeschnitten und ausgenommen. Anschließend schlitzt man den Aal in Richtung Schwanzende nochmals zwei bis drei Zentimeter ein, um den dort sitzenden Pfropfen zu entfernen.

Die Aale werden abgewaschen und stark eingesalzen. Auf fünf Kilogramm Aal kommen etwa 500 g Salz. Nach etwa 40 Minuten werden die Aale unter fließendem Wasser abgespült, um den vom Salz gelösten Schleim und das Salz selbst zu entfernen, weil sonst die Aale beim Räuchern leicht grau werden. Besonders die Kiemenlöcher müssen gut ausgedrückt und ausgewaschen werden, da sich gerade hier stets eine Menge Schleim festsetzt.

Danach werden die Aale entweder vom Einschnitt am Unterkiefer her oder durch das Maul oder aber durch die Augen aufgespießt. Als zusätzliche Sicherheit können die Haken etwa acht Zentimeter unter dem Kopf in die Rückengräte eingedrückt werden.

Während die Aale noch in der Luft abtrocknen, wird das Feuer im Räucherofen angezündet. Wenn das Holz hell brennt, werden die aufgespießten Aale von oben her in

Bayerwaldforellen sind in ganz Ostbayern eine häufig angebotene Delikatesse.

den Räucherschrank eingehängt, dann wird der Deckel aufgelegt.

Öffnen sich die Bauchlappen von alleine weit und zeigen sich im Nacken der Aale kleine Querfältchen, ist das ein sicherer Anhaltspunkt dafür, dass der Fisch gar ist.

Bayerwaldforelle aus dem Rauch

Lake für etwa 15 Forellen
15 l Wasser
150 g Salz
2 Zitronen in Scheiben geschnitten
5 bis 10 g Fischgewürz
1 Päckchen Sauerbratengewürz
(nach Belieben)

Ob Bachforelle oder Regenbogenforelle, hier kann nichts schief gehen. Portionsforellen mit einem Gewicht von 250 bis 300 g eignen sich am besten – ganz gleich, ob über dem Feuergraben geräuchert wird, in der Räuchertonne oder im Räucherschrank.

Viele „Waldler" schwören auf Glut und Rauch aus dem Feuer mit dem rötlichen Erlenholz. Wichtig und nicht zu vergessen: Nachdem die Forellen zwölf Stunden in der Lake eingelegt waren, sollen sie gut abtropfen und am besten dann mit einem Küchentuch abgerieben werden. Die Heißräucherung geschieht bei 150 bis 180 °C und sollte 20 Minuten dauern.

Forellen nach Schweizer Art

Die Fische können entweder durch Trockensalzen oder durch Nasssalzen für das Heiß-Trockenräuchern vorbereitet werden.

Ein Dreiklang geräucherter Fische (von oben): Schillerlocke, Bückling und Heilbutt.

Trockensalzen. Die Forellen werden rundum und in der Bauchhöhle gut eingesalzen; für 100 g Fisch nimmt man etwa 5 bis 10 g Salz. Man legt die Fische in ein längliches Gefäß und lässt sie in der entstehenden Lake liegen: Fische mit 200 g Gewicht zwei Stunden, mit 300 g zweieinhalb Stunden, mit 400 g dreieinviertel Stunden.

Nasssalzen. Dazu rührt man eine Lake an: 1,5 Liter Wasser für ein Kilogramm Fischgewicht; 300 g Salz pro Liter Wasser bei einer Einlegezeit von 2 Stunden und 100 g Salz pro Liter Wasser bei einer Einlegezeit von 10 Stunden. Die eingelegten Fische müssen mit Lake überdeckt sein.

Die gesalzenen Fische müssen gewaschen, sauber nachgereinigt und abgetrocknet werden. Anschließend sollte man die Fische trocknen lassen, bevor man sie eine bis anderthalb Stunden räuchert. Die Fische sind gar, wenn das Fleisch an der herausgezogenen Rückenflosse weiß, also nicht mehr glasig ist. Man sollte die Fische hängend auskühlen lassen.

Südtiroler Forelle

Bachforellen wie Regenbogenforellen werden 24 Stunden lang in einer schwachen Lake aus Salz, Pfeffer, Wacholder und Dill gebeizt.

Das Räuchern geschieht mit Heißräuchergeräten bei Temperaturen von 150 bis 180 °C etwa 15 bis 20 Minuten lang.

Als Zutaten zum Servieren empfehlen sich Sahne-Meerrettich, Toast und Butter auf grünem Salat.

Heilbutt

Auch Heilbutt eignet sich zum Trockensalzen. Je 100 g Fisch nimmt man etwa 5 g Salz. Den Heilbutt schneidet man in zwei Finger dicke Scheiben, dann gibt man das Fischgewürz dazu.

Bei einer Temperatur von 150 bis 180 °C wird der Heilbutt im Heißräucherofen etwa 25 Minuten geräuchert.

Karpfen

Es ist vieles möglich, eines jedoch nicht: einen großen Karpfen in einem Stück zu räuchern! Man wird den Fisch entweder längs teilen – und das ist die Regel – oder ihn in Rundstücke zerlegen. Anschließend sollen die Fischteile nochmals gesäubert und gewässert werden. Wer sich nicht mit einer Salzlake 1:10 begnügen will, kann das handelsübliche Fischgewürz und noch Knoblauch, Zwiebeln und Pfeffer beigeben. Der Fisch sollte sechs bis zwölf Stunden eingelegt werden. Es empfiehlt sich Heißräuchern bei Temperaturen von 150 °C, damit bekommt man den Fisch in gut einer halben Stunde gar.

Lachs

Die Zubereitung des „Königs der Räucherfische" ist eines der vielen Geheimnisse der großen Fischräucher-Firmen. Zuerst wird der Lachs filetiert, so dass zwei Hälften ohne Gräten entstehen. Je nach Größe empfiehlt sich langes Trockensalzen von zehn oder mehr Stunden. Manche ergänzen das grobe Salz mit etwas Zucker. Um den Eigengeschmack nicht zu beeinträchtigen, kann auf weitere Gewürze verzichtet werden. Beim Kalträuchern über mehrere Tage dürfen die Temperaturen 30 °C nicht übersteigen. Vorsicht auch bei extremen Außentemperaturen, wenn das Räucherhäuschen der Sonne ausgesetzt ist.

Makrelen

Die durch das Münchner Oktoberfest bekannt gewordene Spezialität des „Steckerlfisches", einer am schräg stehenden Spieß gegrillten Makrele, kann auch im Räucherofen hergestellt werden. Nach dem Reinigen und Trocknen der Makrelen werden diese innen und außen mit grobem Salz bestreut und hinter dem Kopf auf Räucherstäbe gespießt. Bei starkem Feuer mit Holzscheiten, welches mit Sägemehl abgedämpft werden kann, dauert der Grill- und Räuchervorgang etwa 30 bis 45 Minuten je nach Größe der Makrelen. Nachdem die Fische goldbraun und gar geworden sind, können sie nochmals nachgesalzen werden.

Miesmuscheln

Die Muscheln sollte man gut waschen und abbürsten. Danach werden sie auf das Tropfblech eines Heißräucherofens gelegt und mit Öl beträufelt. Man gibt Salz, Pfeffer und Zwiebeln über die Muscheln und begießt alles mit einer Tasse Weißwein. Die Muscheln werden dann 30 bis 50 Minuten bei 180 °C heißgeräuchert.

Scholle oder Seezunge

Nach dem Ausnehmen legt man den Fisch in eine Lake aus einem Liter Wasser, zwei Esslöffeln Salz, einem Esslöffel Zucker und zwei Esslöffeln Essig.

Vor dem Räuchern würzt man den Fisch innen und außen, beträufelt ihn mit etwas Zitronensaft und belegt ihn mit Petersilie und Speckstreifen.

Dann wird er auf den Flachrost gelegt und 15 bis 20 Minuten bei 150 °C heißgeräuchert.

Ein trockener, leichter Weißwein passt so recht zu einer Räucherfisch-Brotzeit unter freiem Himmel.

Was zu geräuchertem Fisch schmeckt

Getränke

Ein Fisch muss schwimmen – sagen sich nicht nur Seeleute und Küstenbewohner, sondern auch die Landratten – ist doch das Nass sein Element. Und wenn es sich noch dazu um einen zuerst in Lake eingelegten und dann geräucherten Fisch handelt, ist beim Essen der Wunsch nach einem frisch gezapften Bier groß, dem man zum Schluss des Mahls nach guter skandinavischer Art auch einen Aquavit oder „Klaren" nachfolgen lassen kann.

Wer es vom Getränk her etwas anspruchsvoller wünscht, wird zum Räucherfisch trockenen Weißwein trinken; es sollte dann ein junger, höchstens drei Jahre alter Wein sein, vom Alkoholgehalt her gesehen nicht zu schwer. Natürlich sind auch in punkto Wein zum Räucherfisch die Geschmäcker sehr verschieden. Aufgetragen werden können deshalb auch ein herzhafter Rosé oder ein etwas leichterer Rotwein mit einer Temperatur zwischen 10 und 12 °C; doch auch der Rotwein sollte nur ein junger sein.

Wenngleich etwas aus der Mode gekommen, zu einer Party unter freiem Himmel schwören manche Damengesellschaften noch immer auf Bowlen, zum Beispiel auf die „Kalte Ente".

Auf jeden Fall sollten genügend alkoholfreie Getränke zur Verfügung stehen, denn der Durst beim Räucherfischessen ist immer groß.

Beilagen und Salate

Wo anfangen, wo aufhören – das ist auch hier eine schwere Frage. Beschränken wir uns also auf die landläufigsten Beilagen: Kartoffelsalat, mit Zwiebeln und Essiggurken angerichtet; Folienkartoffel mit Butter; Salate der Saison, vor allem Grüner Salat, Gurken- und Tomatensalat; diverse im Handel erhältliche Grillsoßen; Blumenkohl mit Kapern und Dill und natürlich kerniges Bauernbrot oder Baguette.

Auf dem Tisch sollten halbierte Zitronen stehen, Gewürzgurken und Grüner oder Roter Paprika, eine Pfeffermühle und das Salz.

Besonders zubereitete Soßen

Marinaden, Soßen und Chutneys, die zum Räucher- und Grillfisch passen:

Es ist keine kulinarische Sünde, den Räucherfisch ohne jegliche Soße zu kredenzen, sondern nur Salate dazu zu reichen. Doch gerade die Mitteleuropäer sind Soßenfans und man sollte sich überlegen, vielleicht dann und wann auch einmal eine eigene Soße anzubieten. Das ist keinesfalls schwierig, wenn man nur beherzigt, dass die Soße letztendlich nicht gleich den ganzen Fischgeschmack „auffrisst". Daher gilt auch in diesem Fall, dass wenig oft das richtige Maß sein kann.

Mit einer frischen Marinade, die man mit dem Pinsel gleich nach dem Räuchern auf den Fisch streicht, kann man ihm eine zusätzliche Würze geben.

Ansonsten wird die gebotene Auswahl an Soßen und Chutneys in kleinen Schälchen zur Selbstbedienung auf den Tisch gestellt.

Wollen wir der Soßen-Leidenschaft Rechnung tragen, so können wir mit wenig Aufwand das Mahl bereichern. Einfach zubereiten lässt sich eine Marinade mit Zitronensaft, Öl, Paprika und Chili oder auch mit Beigaben von Thymian, Rosmarin und Oregano. Für Leute, die es ein wenig schärfer lieben, kann man eine Marinade aus Weißwein, Sherry und Meerrettich mischen. Gleichermaßen auf Räucherfisch „scharf" zu machen sind Gäste auch mit einer Marinade aus Olivenöl, Essig, Senf und Schwarzem Pfeffer.

Zutaten für eine Marinade
60 g Möhren
60 g Sellerie
60 g Petersilienwurzel
8 Pimentkörner
8 Pfefferkörner
1 Lorbeerblatt
100 g Zwiebel
1/2 Zitrone
1/2 l Wasser
1/4 l Essig
1/8 l Rotwein oder Weißwein
6 Esslöffel Öl

Das Wurzelwerk putzen, waschen, in dünne Scheiben schneiden, in kochendes Salzwasser geben, die Gewürze hinzufügen und halb gar kochen. Dann die in Ringe geschnittenen Zwiebeln, die in Scheiben geschnittene Zitrone, Essig und Wein zusetzen, aufkochen und erkalten lassen. In der kalten Marinade das Öl verrühren.

Sind Kinder und Jugendliche am Tisch, kann man mit Sicherheit davon ausgehen, dass auch Tomatenketchup gewünscht wird – was jedem Gourmet ein leichtes Schaudern über den Rücken jagen dürfte.

Mayonnaise selbst gemacht

Basis für kalte Soßen zu unseren Räucherfischen – ganz gleich ob heiß oder kalt geges-
sen – ist eine Mayonnaise. Man kann sie zwar
am einfachsten fertig kaufen, aber auch selbst
anrühren: Mit dem elektrischen Rührgerät oder
mit einem Schneebesen verrührt man Eigelb,
Salz und Zitrone – pro Eigelb nimmt man 2 g
Salz und einen Teelöffel Zitronensaft – und gibt
dann tropfenweise 200 ml Olivenöl hinzu.
Erst dann bestimmt man die Grundrichtung des
Geschmacks. Für eine Basilikummayonnaise
rührt man etwa einen Bund blanchiertes, pü-
riertes Basilikum unter. Möglich sind dann Vari-
anten mit Kapern, Tomaten und Tomatenketchup, Petersilie, Senf, Knoblauch und Weißwein.

Wer den Geschmack der meisten Gäste
treffen will, der serviert zum geräucherten
Fisch eine frische Kräuterbutter. Man kann
sie zwar abgepackt in allen Lebensmittelgeschäften kaufen, aber die selbst gemachte
Kräuterbutter schmeckt besonders gut. Sie
lässt sich in wenigen Minuten leicht zubereiten, indem man weiche, leicht gesalzene Butter mit frischen Kräutern – wie Dill, Petersilie
oder auch Rosmarin – mischt, alles mit dem
Rührstab gut durchmixt und dann vor dem
Servieren im Kühlschrank kalt stellt.

Rezepte mit geräuchertem Fisch

Bei den folgenden Rezepten ist davon auszu-
gehen, dass der Fisch entsprechend vorbereitet wurde, wie es im Kapitel „Fische entschleimen, entschuppen und ausnehmen"
beschrieben wird. Filets dürfen keine Gräten
mehr enthalten. Die Öle und Fette für die
Fischgerichte sollten nicht zu lange gelagert
werden; besonders Butter ist frisch am besten.

Gemüse und Salate werden vor dem Verwenden gewaschen und geputzt, Kräuter
immer frisch gehackt. Wenn es nicht anders
angegeben wird, nimmt man am besten
frisch gemahlenen Pfeffer aus der Mühle.

Salat mit Räucherforelle

Zutaten (für vier Personen)
4 geräucherte Forellenfilets
150 g braune Champignons
200 g grüne Bohnen, gedünstet
1/2 Bund Radieschen
1 Beet Kresse
1 kleine Zwiebel
5 Esslöffel Öl
4 Esslöffel Essig
1 Teelöffel süßer Senf
Salz, Pfeffer, grob gemahlen
1 Esslöffel Schnittlauch, in Röllchen geschnitten

Forellenfilets längs in Streifen schneiden.
Champignons und Radieschen in Scheiben
und Zwiebel in Ringe schneiden, Kresse im
Ganzen verwenden. – Alles mit den Fisch-
streifen in einer Salatschüssel mischen und
mit den Zwiebelringen bestreuen. Öl, Essig,
Senf, Salz und Pfeffer verrühren und den
Salat damit beträufeln. Mit Schnittlauch-
Röllchen bestreut servieren. Dazu schmeckt
Stangenweißbrot.

Geräuchertes Forellenfilet im Grünen

Zutaten (für vier Personen)
8 geräucherte Forellenfilets à 130 bis 150 g
2 mittelgroße Äpfel
1/4 l Rotwein
1 kleiner Kopf grüner Salat
1 Chicorée
100 g Rapunzel-Salat
Für die Honig-Marinade
3 Esslöffel Öl
1 Esslöffel Sojaöl
1 Esslöffel Balsamico
1 Teelöffel Senf
1 Teelöffel Sojasoße
1 Teelöffel Honig
2 Esslöffel Orangensaft
Salz, Pfeffer
4 Teelöffel Wildpreiselbeeren

Äpfel schälen, quer halbieren und das Kerngehäuse herauslösen. Die Äpfel in leicht kochendem Rotwein etwa fünf Minuten garen, herausnehmen und beiseite stellen. Salate in mundgerechte Stücke zupfen. Zu-taten für die Marinade verrühren und abschmecken. Salat auf vier Tellern anrichten, die Forellenfilets darauf legen und alles mit Marinade beträufeln. Preiselbeeren in die Äpfel füllen und dazu anrichten. Nach Wunsch mit Toast und Butter servieren.

Geräucherte Forellen mit Kräuter-Remoulade und Sahne-Meerrettich

Zutaten (für zwei Personen)
2 Forellen à 350 g oder
4 geräucherte Forellenfilets oder
2 fertig geräucherte Forellen
Salz, Pfeffer
2 Zweige frische Petersilie
Für die Kräuter-Remoulade
4 Esslöffel Mayonnaise
4 Esslöffel Crème fraîche oder frische Sahne

1 Teelöffel Zitronensaft
2 Esslöffel Gewürzgurke, fein gehackt
2 Esslöffel gemischte Kräuter, fein gehackt
4 Teelöffel Meerrettich aus dem Glas
4 Esslöffel Schlagsahne
Zucker, Salz, Pfeffer

Die ausgenommenen Forellen kurz auswaschen, austrocknen lassen und mit etwas Salz und frisch gemahlenem Pfeffer würzen; jeweils einen Zweig frische Petersilie in die Bauchhöhle legen. Räuchermehl in den Ofen streuen, auf das Gitter die Forellen legen und bei geschlossenem Ofen etwa acht bis zehn Minuten im Räucherofen garen. Anschließend filetieren! Für die Kräuter-Remoulade die Mayonnaise mit der Crème fraîche oder Sahne mischen und mit dem Zitronensaft, der sehr fein gehackten Gewürzgurke, den Kräutern, Salz und Pfeffer verrühren. Den Meerrettich mit der geschlagenen Sahne verrühren und mit je einer Prise Zucker und Salz würzen. Die Forellenfilets mit der Kräuter-Remoulade und dem Sahne-Meerrettich anrichten.

Räucheraal auf Eiersalat

Zutaten (für vier Personen)
250 g Räucheraal
Salatblätter
1 Tomate
Petersilie
Für den Eiersalat
4 hart gekochte Eier, in Scheiben geschnitten
2 Esslöffel saure Sahne
1 Teelöffel Senf
1 Teelöffel Zwiebelwürfel
1 Esslöffel gehackte Kapern
1 Esslöffel gehackte Petersilie
Salz, Pfeffer, Paprika
Tabasco, Chilisoße

Aus den angegebenen Zutaten einen Eiersalat bereiten, pikant abschmecken und durchziehen lassen. Vier Teller mit Salatblättern auslegen, den Eiersalat darauf verteilen. Aal häuten, Gräte entfernen, in etwa fünf Zentimeter große Stücke schneiden und auf den Eiersalat geben. Mit Tomatenvierteln und Petersilie garnieren.

Geräucherte Forellenfilets mit Spargel und Kräutersoße

Zutaten (für vier Personen)
4 geräucherte Forellenfilets
1 kg weißer Spargel
250 g Crème fraîche
1 Lauchzwiebel
1 Esslöffel gehackter Dill
1 Esslöffel gehackte Petersilie
1 Esslöffel gehackter Schnittlauch
1 Esslöffel gehackte Gartenkresse
2 bis 3 Esslöffel Butter
2 Esslöffel Olivenöl
Salz, Pfeffer

Den geschälten und an den Enden gekürzten Spargel in Folie garen. Inzwischen das Weiße und Hellgrüne der Lauchzwiebel fein hacken und in Olivenöl schmoren. Nach etwa zwei Minuten die Crème fraîche zugeben und etwas einkochen lassen, bis eine cremige Soße entstanden ist. Die Kräuter fein hacken, die Kanten der Forellenfilets gerade schneiden. Die abgeschnittenen Forellenstückchen (etwa ein Esslöffel) mit einer Gabel zu Mus zerdrücken. Das Forellenmus und die gehackten Kräuter unter die Soße heben und mit wenig Salz und Pfeffer abschmecken. Die Forellenfilets und den Spargel auf warmen Tellern anrichten und die Soße darüber geben.

Linsensuppe mit Räucherfisch

Zutaten (für vier Personen)
4 geräucherte Makrelenfilets
200 g kleine grüne Linsen
1 große Möhre
4 Kartoffeln
1 Stange Lauch
1 Zwiebel
1 Zitrone
20 ml Weißwein
1/2 l Fischfond
1/2 l Wasser
2 Esslöffel Balsamico
1 Esslöffel Tomatenmark
4 Esslöffel Crème fraîche
2 Esslöffel Butter
Salz, Pfeffer
Petersilienblättchen zum Garnieren

Die Linsen mindestens drei Stunden, besser über Nacht, in Wasser einweichen und danach in einem Sieb gut abtropfen lassen. Die Möhre und die Kartoffeln in grobe Würfel schneiden, die Zwiebel fein hacken, das Weiße und Hellgrüne des Lauchs in Scheiben schneiden. Die Butter in einem großen Topf erwärmen und die gehackte Zwiebel darin glasig braten. Das restliche Gemüse hinzugeben und das Tomatenmark unterrühren. Wenn sich ein leichter Belag am Topfboden bildet, mit Weißwein ablöschen, diesen wieder einkochen lassen und dann den Fischfond und einen halben Liter Wasser zugeben. Die Linsen hineingeben und die Suppe nun etwa eine Stunde kochen, bis die Linsen weich sind. In der Zwischenzeit die Zitrone halbieren, eine Hälfte auspressen und von der zweiten Hälfte vier Scheiben abschneiden. Den Räucherfisch mit dem Zitronensaft beträufeln und langsam bei 50 °C im Backofen erwärmen. Sobald die Suppe gar ist, mit Salz, Pfeffer und dem Balsamico abschmecken, auf vier Teller verteilen, jeweils ein geräuchertes Fischfilet darauf legen. Dazu einen Esslöffel Crème fraîche geben und mit den Zitronenscheiben und den Petersilienblättchen dekorieren.

Räuchermakrelen-Auflauf

Zutaten (für vier Personen)
4 geräucherte Makrelenfilets
50 g Schafskäse
2 Stangen Lauch
500 g Kartoffeln, fest kochend
3 Schalotten
1 Esslöffel Butter
100 g Sahne
100 ml Fischfond
Salz, Pfeffer

Kartoffeln schälen und in etwa einen halben Zentimeter dicke Scheiben schneiden. Die Sahne mit dem Fischfond mischen, mit Salz würzen und die Kartoffelscheiben darin etwa 20 Minuten kochen. Dabei öfter umrühren, damit nichts anbrennt. Während die Kartoffeln kochen, das Weiße und Hellgrüne vom Lauch und die Schalotten quer in Scheiben schneiden und in Butter schmoren, bis sie glasig sind, mit Salz und Pfeffer würzen. Makrelenfilets in kleine Stücke zupfen, Schafskäse zerbröckeln. Eine feuerfeste Form mit Butter ausstreichen und ein Drittel der Kartoffelscheiben in die Form geben. Darauf die Hälfte der Lauch- und Schalottenscheiben verteilen und die Hälfte des Makrelenfilets und des Schafskäses. Jetzt etwas von der Fond-Sahne-Mischung darüber gießen. Eine weitere Schicht mit dem zweiten Drittel Kartoffeln, dem übrigen Fisch und Schafskäse hineinlegen und mit dem Rest der Kartoffeln abdecken. Die restliche Fond-Sahne-Mischung über den Auflauf gießen und im Backofen bei 180 °C etwa 25 Minuten überbacken.

Gegrillte Makrele mit Tomatensoße

Zutaten (für vier Personen)
4 Makrelen à 350 g
Salz, Pfeffer
4 Zweige Petersilie
Thymianblättchen, frisch oder getrocknet
4 Teelöffel Butter

Für die Tomatensoße
300 g Tomaten
3 Esslöffel feines Pflanzenöl
40 g Zwiebeln, sehr fein gehackt
1 zerdrückte Knoblauchzehe
40 g Karotten, in kleinen Würfeln
4 Esslöffel trockener Rotwein
1/2 Teelöffel Salz
1/4 Teelöffel Cayenne-Pfeffer
1 Teelöffel gehackte Petersilie

Die ausgenommenen Makrelen waschen, trocknen und mit etwas Salz und Pfeffer würzen. Bei jeder Makrele die Bauchhöhle mit einem Teelöffel weicher Butter ausstreichen und einen Zweig Petersilie und etwas Thymian hineingeben. Für die Soße die Tomaten vorbereiten: in kochendes Wasser tauchen, die Haut abziehen, den Stiel entfernen und die Tomaten würfeln. Das Pflanzenöl in einer Kasserolle erhitzen, darin die fein gehackte Zwiebel und die zerdrückte Knoblauchzehe mit den Karottenwürfeln hell anschwitzen; alles mit dem Rotwein ablöschen, die Tomaten zugeben und mit Salz, Cayenne-Pfeffer und der gehackten Petersilie würzen. Die Soße dann etwa zehn bis fünfzehn Minuten köcheln lassen; sollte sie zu dickflüssig werden, mit etwas Fleisch- oder Hühnerbrühe strecken. Die vorbereiteten Makrelen auf dem Grillrost von beiden Seiten garen und mit der Tomatensoße und frischem Weißbrot oder gekochten Kartoffeln servieren.

Geräucherter Steinbutt

Zutaten (für vier Personen)
2 kleine Steinbutte à 400 g
Räuchersalz mit Paprika
3 Schalotten
Lorbeerblätter
Räuchermehl aus Erle

Die Fische waschen und mit Küchenkrepp trockentupfen. Räuchersalz in den Boden eines Bräters geben, die Schalotten in Scheiben schneiden und zusammen mit einigen Lorbeerblättern dazugeben. Die Fische darauf legen und mit Räuchersalz bestreuen. Etwa anderthalb Stunden ziehen lassen und ab und zu wenden. Räuchermehl in die Vertiefung des Räucherofens geben, die Fische auf den Rost legen und ungefähr zehn Minuten räuchern.

Dazu schmecken Salzkartoffeln und gemischter Salat.

Brotaufstrich mit geräucherter Renke

Zutaten (für vier Personen)
100 bis 200 g geräuchertes Renkenfilet
2 Schalotten
70 g gekühlte Butter und etwas Butter zum
    Braten
1 hart gekochtes Ei
1 1/2 Teelöffel Kapern
1 Handvoll frische Blätter Majoran
Senf
Zitronensaft
weißer Pfeffer
frisches Bauernbrot

Von dem Renkenfilet die Haut entfernen, den Fisch in Streifen schneiden und in eine Schüssel geben. Die Schalotten in feine Scheiben schneiden und in Butter glasig braten. Anschließend etwas abkühlen lassen und zu den Fischstreifen geben. Die gut gekühlte Butter in Würfel schneiden und zusammen

mit dem gehackten Ei und den Kapern über den Fisch verteilen. Darauf den Majoran streuen und diese Mischung in der Küchenmaschine oder einem Fleischwolf zerkleinern, bis eine weiche, cremige Masse entsteht. Mit Senf, Zitronensaft und Pfeffer abschmecken und die Brote damit bestreichen.

Geräucherte Hechtnockerl

Zutaten (für vier Personen)
1 Hecht à 1,5 kg
100 g Schalotten
2 Scheiben Weißbrot ohne Kruste
250 g süße Sahne
2 Eier
Butter
Salz, weißer Pfeffer
1 Bund frisches Basilikum
Räuchermehl aus Buche

Für die Fischbrühe
1 große Möhre
1 Scheibe Sellerie
Petersilienwurzel
1/2 Stange Lauch
1 Zwiebel

Den Hecht waschen, ausnehmen und filetieren. Die Filets beiseite stellen. Aus dem restlichen Fisch sowie dem Gemüse eine Brühe kochen und durch ein Sieb geben. Schalotten in Scheiben schneiden, in Butter andünsten und etwas abkühlen lassen. Die Filets in Streifen und das Weißbrot in kleine Würfel schneiden und zusammen mit den Eiern, der Sahne und den Schalotten zu einer glatten Masse verarbeiten, mit Salz und Pfeffer abschmecken, Basilikum in Streifen schneiden und dazugeben. Mit einem Esslöffel, der immer wieder in heißes Wasser getaucht wird, Nockerl aus der Fischfarce stechen und in der siedenden Brühe garen. Alufolie auf den Rost legen, mit zerlassener Butter leicht einpinseln, Löcher einstechen. Die gegarten Hechtnockerl darauf legen, vier bis fünf Minuten räuchern.

Gebeizte Lachsforelle mit Rucolasalat

Zutaten (für vier Personen)
4 Lachsforellenfilets mit Haut, insgesamt etwa 400 g
2 Esslöffel Kerbel, fein gehackt
2 Esslöffel Dill, fein gehackt
2 Esslöffel Petersilie, fein gehackt
300 g Rucola
100 g Himbeeren
100 ml Balsamico
150 ml Sonnenblumenöl
50 g Senf
Zucker, Salz, Pfeffer

Die Lachsforellenfilets mit einem gestrichenen Esslöffel Salz, einem halben Esslöffel Zucker und den gehackten Kräutern bestreuen und zwölf Stunden im Kühlschrank marinieren. Die Rucolablätter waschen und abtropfen lassen.

Einige Himbeeren für die Dekoration beiseite legen, die übrigen zusammen mit Balsamico, Senf und Sonnenblumenöl mit dem Stabmixer pürieren. Mit Salz und Pfeffer abschmecken. Den Rucola mit der Soße vermischen und auf Tellern anrichten. Die gebeizten Forellenfilets mit einem scharfen Messer in feine Scheiben schneiden und zum Salat legen. Mit den restlichen Himbeeren dekorieren.

Nudelsalat mit geräuchertem Renkenfilet und Mozzarella

Zutaten (für vier Personen)
200 g geräucherte Renkenfilets
200 g Korkenziehernudeln
125 g Mozzarella
1 rote Paprikaschote
1 gelbe Paprikaschote
1 Esslöffel Olivenöl
2 Esslöffel Traubenkernöl
Saft von 1/2 Zitrone
1/2 Bund Dill
einige Blätter Selleriekraut
Salz, Pfeffer
Ciabatta

Die Nudeln in Salzwasser mit dem Olivenöl bissfest garen, abgießen, abschrecken und gut abtropfen lassen. Die Renkenfilets in mundgerechte Stücke zerteilen, den Mozzarella in Scheiben schneiden, die Paprikaschoten in feine Streifen schneiden, alles zu den Nudeln geben und vermischen. Das Öl mit dem Zitronensaft glattrühren, mit Salz und Pfeffer würzen und den Salat damit anmachen. Den Dill und das Selleriekraut fein hacken und damit den Nudelsalat dekorieren, mit Ciabatta servieren.

Räucherfisch in Champagnergelee

Zutaten (für vier Personen)
300 bis 400 g geräuchertes Filet, zum Beispiel von Lachs, Aal, Forelle oder Makrele
1 Tomate
1/4 Salatgurke
1 kleiner Bund Dill
7 Blatt Gelatine
1/2 l Champagner
Saft einer halben Zitrone
100 g Crème fraîche
Kaviar (nach Belieben)
Zucker, Salz, Pfeffer
Dill und Salat zum Garnieren

Von den Fischfilets übermäßiges Fett abschneiden oder abstreichen. Die Filets in schmale Stücke schneiden. Die Tomate häuten und entkernen. Tomaten und Gurke in Würfel von einem halben Zentimeter schneiden.

Dill fein hacken, mit den Gemüsewürfeln mischen und kalt stellen. Gelatine in kaltem Wasser einweichen. Den Champagner aufkochen, mit Zitronensaft, Salz, Pfeffer und wenig Zucker abschmecken, ausgedrückte Gelatine dazurühren, nicht mehr kochen, etwas auskühlen lassen. Eine Kastenform kalt ausspülen und mit Klarsichtfolie auslegen. Wenn der Champagnersud gerade zu gelieren beginnt, ihn schichtweise abwechselnd mit den Fisch- und Gemüsewürfeln in die Form geben, mit Gelee abschließen. Für mindestens vier Stunden, besser zwölf Stunden, im Kühlschrank fest werden lassen. Crème fraîche mit dem Handmixer aufschlagen, mit Salz, Pfeffer, einer Prise Zucker und wenig Zitronensaft abschmecken. Zum Anrichten das Champagnergelee mit einem Elektromesser in nicht zu dünne Scheiben schneiden und auf gekühlte Teller verteilen. Crème fraîche mit einem nassen Löffel abstechen, in Nocken neben die Sülze setzen und den Kaviar darauf verteilen. Mit Dill und Salatblättern garnieren.

Dazu schmecken fünfmarkstückgroße Reibekuchen. Statt Champagner kann Sekt oder ein trockener Riesling verwendet werden.

Geräucherte Rollmöpse

Zutaten (für vier Personen)
8 Heringe à 200 g
10 Schalotten
etwas Butter
1 Zitrone
Meersalz
Räuchermehl aus Eiche

Von den gewaschenen Heringen die Köpfe abschneiden und den Fisch jeweils vom Weidloch bis zum Schwanz beidseitig entlang der Mittelgräte aufschneiden, so dass sie frei liegt. Das Messer dann dicht unter die Gräten führen und schräg nach vorne schneiden, so dass die Gräten frei stehen. Die Mittelgräte anschließend in einem Stück behutsam herausziehen. Den Boden eines Bräters mit Meersalz bedecken, die Fischstücke auf beiden Seiten salzen, zusammenklappen und darauf legen. Eine Stunde ziehen lassen und ab und zu wenden. Nun die Schalotten in Scheiben schneiden, in Butter glasig braten und etwas abkühlen lassen. Die Heringsstücke gut abwaschen, flach legen, mit Zitronensaft begießen und in der Mitte mit Schalotten belegen. Die Fischstücke zusammenrollen und mit Rouladenspießen befestigen. Den Boden des gesäuberten Bräters mit Räuchermehl füllen, die Rollmöpse auf den Rost legen und etwa zwölf Minuten räuchern.

Lauwarm oder kalt mit Bauernbrot servieren.

Geräucherte Forellenfilets mit geeistem Preiselbeer-Meerrettich

Zutaten (für vier Personen)
4 geräucherte Forellenfilets
1 große naturreine Orange
1/4 l Sahne
50 g geriebener Meerrettich
2 Esslöffel Preiselbeeren
Feldsalat zum Garnieren
2 Esslöffel Vinaigrette
1 Zweig Dill oder Kerbel

Den geeisten Preiselbeer-Meerrettich einen Tag vorher zubereiten: Die Orange halbieren und das Fruchtfleisch herauslösen, dabei beide Hälften der Orangenschale aufheben. Die Sahne steif schlagen, den Meerrettich und die Preiselbeeren ohne Saft dazugeben. Mit Salz und Zucker abschmecken. Preiselbeer-Meerrettich in die Orangenschale füllen und im Tiefkühlfach gefrieren lassen. Die Forellenfilets und den mit Vinaigrette angemachten Feldsalat auf Tellern anrichten. Den geeisten Preiselbeer-Meerrettich aus dem Tiefkühlfach nehmen, jede Orangenhälfte in vier Spalten schneiden und an die Forellenfilets legen. Die Filets mit Dillspitzen oder Kerbelblättchen garnieren.

Gegrillter Aal mit Salbei

Zutaten (für vier Personen)
1 kg frischer Aal
Salz
1 Zitrone
Öl zum Bestreichen
12 frische Salbeiblätter

Den Aal ausnehmen und die Haut abziehen, ihn waschen, trockentupfen und in zehn Zentimeter lange Stücke schneiden, mit Salz einreiben. Die Zitrone in dünne Scheiben schneiden. Die Zitronenscheiben und die Salbeiblätter in die Bauchöffnung des Aals stecken und ihn mit Öl bestreichen. Die Aalstücke mit der Bauchöffnung nach oben auf den eingeölten Grillrost legen und bei mittlerer Hitze etwa 25 Minuten grillen. Nach der Hälfte der Garzeit die Aalstücke vorsichtig wenden.

Dazu schmecken Salzkartoffeln und Gurkensalat mit Sauerrahmdressing

Auflauf von Räucherfisch und Sauerkraut

Zutaten (für vier Personen)
500 g gedünstetes Sauerkraut
500 g Räucherfisch
1 Paket Kartoffelpüree
2 Eier
1/4 l Milch
30 g Butter
Salz
Fett zum Ausreiben der Auflaufform

Kartoffelpüree nach Anleitung mit Milch, Salz und Butter zubereiten und abkühlen lassen. In eine gefettete Auflaufform die Hälfte des gedünsteten Sauerkrauts füllen. Den Räucherfisch filetieren, in Stückchen zupfen und auf das Sauerkraut legen. Den Rest des Sauerkrauts darauf verteilen. Das Kartoffelpüree mit den Eiern gut durchrühren und mit einem Spritzbeutel fein auf das Sauerkraut spritzen. Den Backofen auf 200 °C vorheizen (Heißluft 160 °C, Gas Stufe 3 bis 4) und den Auflauf 30 Minuten auf der zweiten Schiebeleiste von oben backen, bis sich das Kartoffelpüree goldbraun färbt.

Pastete von Räucherfisch

Zutaten (für vier Personen)
750 g Räucherfisch nach Wahl
300 g Tiefkühl-Blätterteig
Weizenmehl zum Ausrollen
1 Tasse vorgegarter Langkornreis
1 Tasse gehackte Kräuter: Dill, Kerbel, Petersilie
4 hart gekochte Eier
3 rohe Eier
2 Becher Crème fraîche
Saft von 1/2 Zitrone
Salz

Blätterteig auftauen lassen, auf einer bemehlten Arbeitsfläche etwa drei Millimeter dick ausrollen und eine Pastetenform damit auslegen. Ein Drittel des Teiges für die Decke zurücklegen. Den Fisch entgräten, häuten und in Stücke zerpflücken. Den Reis und die Hälfte der Kräuter in die Form geben und darauf den Fisch legen. Die gekochten Eier in dicke Scheiben schneiden und auf dem Fisch verteilen. Den Rest der Kräuter darüber verteilen. Zwei rohe Eier mit der Crème fraîche und etwas Salz schlagen und über die Füllung gießen. Mit dem Zitronensaft bespritzen. Die Blätterteigdecke darauf auslegen und die Ränder fest andrücken. Die Oberfläche mit einem verquirlten Ei bepinseln und ein paar Löcher hineinstechen, damit beim Backen der Dampf entweichen kann. Backofen auf 175 °C vorheizen (Heißluft 140 °C, Gas Stufe 3) und auf der zweiten Schiebeleiste von unten eine Stunde backen.

Starnberger Räucherfisch-Nocken auf Salat

Zutaten (für vier Personen)
200 g geräuchertes Renkenfilet, ohne Haut und Gräten
100 g Crème fraîche
50 g Forellenkaviar
2 Esslöffel geschlagene Sahne
Salat- und Kräuterblätter der Saison
1 Esslöffel Weißweinessig
2 Esslöffel Öl
Salz, weißer Pfeffer

Den Räucherfisch im Mixer nicht zu fein pürieren, mit der Crème fraîche und dem Forellenkaviar mischen, Salz und Pfeffer fein dosiert hinzugeben und die geschlagene Sahne unterziehen. Die Salatblätter auf den Tellern mit einer Vinaigrette aus Essig, Salz und Öl anrichten. Mit zwei nassen Esslöffeln die Räucherfischmasse zu Nocken zu formen und auf die Salatblätter verteilen.

Kartoffelsuppe mit Räucherfisch

Zutaten (für vier Personen)
500 g geräucherten Fisch, zum Beispiel Makrele oder Heilbutt
500 g Kartoffeln
1 mittelgroße Zwiebel, fein gehackt
2 Karotten
1 Stück Sellerieknolle
1/2 Stange Lauch
1 Petersilienwurzel
2 Esslöffel Olivenöl
1,25 l Fleischbrühe
100 g Schinkenspeck

2 Esslöffel fein gehackte Kräuter: Kerbel, Estragon, Petersilie
Salz
weißer Pfeffer

Karotten und Sellerieknolle in feine Würfel schneiden, Lauch und Petersilienwurzel in dünne Scheiben. Olivenöl im Topf erhitzen, die Zwiebel und das andere Gemüse dazugeben und unter Rühren fünf Minuten anrösten. Mit der Fleischbrühe auffüllen und aufkochen lassen. Die Kartoffeln in Würfel schneiden und in die kochende Brühe geben. Alles etwa 20 Minuten garen. Den entgräteten Fisch in Stücke zupfen. Wenn die Suppe nicht mehr kocht, den Fisch hineingeben. Mit Salz und Pfeffer abschmecken. Den Schinkenspeck in Würfel schneiden und in der Pfanne knusprig braten. Zusammen mit den Kräutern in die Suppe geben. Alles noch fünf Minuten ziehen lassen, die Suppe jedoch nicht mehr aufkochen lassen.

Kieler Sprotten mit Rührei

Zutaten (für vier Personen)
250 g geräucherte Kieler Sprotten
40 g Butter
Schwarzer Pfeffer
4 Eier
4 Esslöffel Sahne
1 Prise Salz
Schnittlauch, fein geschnitten

Die geräucherten Sprotten von der Hauptgräte und von Schwanz und Kopf befreien, säubern. Eine Bratpfanne leicht mit Butter ausstreichen, die Fische darin anbraten und mit Pfeffer und Salz würzen. Die Eier mit der Sahne verrühren und über die Fische gießen, nach weiteren fünf Minuten auf dem Herd ist das Gericht fertig. Schnittlauch darüber streuen und mit grünem Salat und Bratkartoffeln servieren. Gut als Vorspeise geeignet.

Grillen, Beizen, Marinieren

Grillen – die Räucher-Wahlverwandtschaft

Eng verwandt mit dem klassischen Räuchern – und vor allem über den ganzen Globus verbreitet – ist das Grillen. Auch hierfür ist überall Platz, denn es gibt preisgünstige, in Baumärkten erhältliche Elektro- und Gasgrills, die sich selbst auf Balkonen und in kleinen Gärten aufstellen lassen. Romantischer wird es natürlich, wenn man sich im Freien einen Grillofen mauert oder auch nur einen Grill aus ein paar lose aufeinander gestapelten Ziegelsteinen errichtet.

Grillfisch ist nicht nur geschmacklich gesehen eine Spezialität, sondern ist auch besonders gesund: Eiweiß, Mineralsalze und die lebenswichtigen Vitamine bleiben erhalten. Zugleich sind gegrillte Fische dank ihrer fettarmen Zubereitung sehr bekömmlich und tragen zur schlanken Linie bei: Die Hitze schließt im Schnelldurchgang alle Poren und man braucht kein zusätzliches Fett, es sei denn, man bestreicht die Fische der schöneren Farbe und des Geschmacks wegen mit gewürztem Olivenöl. Das Grillen erhält dem Fisch seinen charakteristischen Geschmack – wenn man es nicht zu gut und damit falsch beim Würzen meint.

Weil Fischfleisch vom Geschmack außer dem „Fischigen" ziemlich neutral ist, kann man eine Aufbesserung durch Marinieren erreichen. Doch damit sollte man es nicht übertreiben, ein wenig kann gerade gut genug sein. Bewährt haben sich vor allem Olivenöl, Zitrone oder Weißwein. Gesalzen wird erst, wenn der Fisch serviert wird – je nach Gusto, denn zumeist reichen die verwendeten Gewürze als Geschmacksverstärker aus. Das Öl zum Grillen kann zudem mit Kräutern wie Thymian, Rosmarin und mit ein wenig Knoblauch angereichert werden.

Vorteilhaft sind beim Grillen besonders die Temperaturen von 200 bis 300 °C; man kommt rasch zum Garprozess. Vor allem kleinere und mittelgroße Fische mit einem Gewicht von 200 bis 300 g eignen sich gut. Wer sich an einen größeren Fisch heranwagt, sollte ihn entweder filetieren oder in Scheiben schneiden, wie etwa Koteletts und Steaks von Thunfisch, Dornhai und Heilbutt.

Damit das Grillgut nicht am Rost anklebt, sollte man ihn vor dem Erhitzen mit Fett oder Öl bestreichen. Am besten bedient man sich jedoch der Alu-Grillschalen, die ebenfalls mit Fett bestrichen werden. Wichtig ist, das Grillgut erst bei höchster Hitze auf den Rost oder die Grillschale zu legen, damit sich die Poren möglichst schnell schließen. Jedoch darf die Feuerstelle keine großen Flammen mehr zeigen, das Feuer darf nicht lodern, sondern es sollte sich bereits ein entsprechender Glutstock gebildet haben, der die Hitze über eine Viertelstunde halten kann.

Zur Feuerung kann entweder Holzkohle verwendet werden, wie man sie in Bau- oder Großmärkten und an Tankstellen erhält. Man kann sich aber auch aus trockenen Holzscheiten – am besten aus Hartholz – selbst eine Glut machen; das dauert jedoch ein bisschen länger, da das Feuer zuerst gänzlich niederbrennen muss.

Kleinere und mittlere Fische sind innerhalb von 20 bis 30 Minuten gar, wenn man den Grill zuvor mit Holz etwa 40 Minuten oder mit Holzkohle 30 Minuten vorgeheizt hat. Das beste Merkmal für die größte Hitze ist der Glutkern, der mit einer weißen Aschenschicht überzogen ist. Der Rost sollte etwa 15 Minuten vor dem Belegen mit dem Grillgut über das Feuer gelegt werden.

Zum gegrillten Fisch empfehlen sich die gleichen Beilagen, Salate und Getränke wie für die geräucherten Spezialitäten (siehe Seite 77).

Grillen ist nichts für „Bruder Leichtfuß"

Wohl jeder hat schon einmal von den abenteuerlichsten Grillabenden gehört, die oft mit schmerzhaften Verletzungen ausgegangen sind. Gewissenhaftigkeit ist beim Grillen das Gebot der Stunde, denn durch unsachgemäßes Vorgehen können nicht nur üble Verbrennungen entstehen, sondern regelrechte Brände ausgelöst werden. Zu beherzigen sind deshalb folgende Regelungen:

- Keinesfalls sollte der Grill in der Nähe brennbarer Materialien, auf Wiesen oder an Waldrändern mit trockenem Gras aufgestellt werden; durch schnell einsetzende Winde kann Funkenflug entstehen und das Feuer übergreifen. Der Grill ist in windgeschützter Lage, am besten in der Nähe von Hausmauern und -ecken aufzustellen.
- Niemals sollten Brandbeschleuniger wie Benzin oder Spiritus verwendet werden. Zum Entfachen des Feuers nimmt man kleinere Holzspäne, Kohlenanzünder oder die Brennpaste aus dem Supermarkt.
- Vor allem kleinere Kinder sind vom Grill fernzuhalten, denn heiße Flächen sind nicht immer als solche erkennbar. Man sollte beim Grillen immer eine Brandsalbe oder Brandgel zur Hand haben.
- Beim Grillen mit Gas darf die Gasflasche nicht lange der Sonne ausgesetzt werden, denn bei größerer Hitze besteht Explosionsgefahr. Einen Gasgrill sollte man niemals selbst reparieren, sondern diese Arbeit einem Fachmann überlassen.
- In der Nähe des Grills sollte immer Löschwasser erreichbar sein, in einem Eimer oder mittels des bereit liegenden angeschlossenen Gartenschlauchs.

Wenn das Grillen beendet ist, sollte die Feuerstelle mit genügend Wasser sorgfältig gelöscht oder – in einem Erdloch – mit reichlich Erde abgedeckt werden.

Beizen statt Räuchern

Eine Alternative zum Räuchern ist das Beizen. Hierfür eignet sich besonders gut der Lachs, der dann unter der Bezeichnung „Graved Lachs" im Handel erhältlich ist. Aber auch Forellen- und Makrelenfilets sind – richtig abgebeizt – wirklich sehr delikat.

Graved Lachs

Die gesäuberten, ungehäuteten Lachsfilets werden mit einer Pinzette von den restlichen Gräten befreit und auf den Innenseiten mit einem Gemisch aus Salz und Zucker (Verhältnis 2 : 1) kräftig bestreut; eine Portion grober Pfeffer darf nicht fehlen. Man kann den Fisch noch mit einem „Schuss" Cognac beträufeln, bevor man ihn zum Schluss reichlich mit grob gehacktem Dill belegt.

Die so vorbereiteten Lachsfilets werden mit den Innenseiten aufeinander gelegt und fest in eine Folie gewickelt, so dass die im Lauf der Zeit entstehende Beize nicht auslaufen kann.

Der Fisch muss nun mit einem Brett und Gewicht beschwert zwei bis drei Tage an einem kühlen Ort durchziehen, am besten im Kühlschrank. Dabei sollte man ihn nach jeweils zwölf Stunden wenden.

Die fertigen Filets werden – nachdem man die Gewürze weitgehend abgestreift hat – gegen die Haut in dünne Scheiben geschnitten.

Gebeizte Forellenfilets

Forellenfilets werden in gleicher Weise wie Lachs gebeizt, allerdings reichen zum Durchziehen für den viel kleineren Fisch ein bis zwei Tage aus.

Nach einem Lakebad zum Grillen bereit: Portionsforellen mit einem Gewicht von je 400 bis 500 g.

Gebeizte Makrelenfilets

Die vorbereiteten Makrelenfilets werden in ein schwach konzentriertes Essigwasser – sechs Esslöffel Weinessig auf anderthalb Liter Wasser – eingelegt und acht Stunden kühl gestellt.

Schwarze Pfefferkörner, Korianderkörner, Wacholderbeeren und einige Pimentkörner werden im Mörser zerstoßen und die trocken getupften Filets damit bestreut. Darauf kommt reichlich grob gehackter Dill, den man leicht andrückt. Darüber streut man Salz und Zucker, im Verhältnis 1:1 gemischt.

Die weitere Verarbeitung ist wie bei Lachs, die Zeit zum Durchziehen beträgt jedoch nur noch 24 Stunden.

Besonders gut schmeckt die gebeizte Makrele mit Zwiebelringen zu kräftigem Landbrot.

Fische in Marinaden

Marinaden sind Soßen aus Fischen oder Fischteilen mit Gewürzen, mit Essig, so genannten Genusssäuren und Salz. Mariniert wird ohne Wärmeeinwirkung. Die marinierten Fische – vorwiegend Heringe, aber auch Forellen und Renken sind dafür geeignet – werden mit oder ohne pflanzliche Beigaben eingelegt: in Aufgüssen, Tunken, Mayonnaisen, Remouladen oder Ölen. Für die Verpackung von Marinaden werden Fässer, Gläser und Dosen verwendet.

Die bekanntesten Fischgerichte mit Marinaden sind: Bismarckhering, Rollmops, marinierter Heringe, Kronsild – aus kleinen, ausgenommenen, nicht entgräteten Heringen ohne Kopf –, Heringsdipp und eingelegter Bratfisch.

Bratheringe –
Bratfisch aus Weißfisch

Zutaten
Heringe, Brachsen, Rotaugen oder andere
Weißfische
Mehl
Ei
Semmelbrösel
Fett

Für den süßsauren Sud
1 l Wasser
1/2 l Essig
Zwiebel, in Ringe geschnitten
Lorbeerblätter
Wacholderbeeren
Senfkörner
Zucker
Pfefferkörner
Salz

Fische säubern, schuppen und ohne Kopf
salzen und pfeffern. Dann in Mehl wenden;
zusätzlich ist es möglich, den Fisch in Ei und
danach in Semmelbröseln zu wenden, um
eine stärkere Kruste zu bekommen. In der
Pfanne in reichlich Fett goldbraun braten
und danach direkt in einen etwas abgekühl-
ten süßsauren Sud geben. Die Fische müssen
ganz vom Sud bedeckt sein. Die Fische im
Kühlschrank oder in einem kühleren Raum
zugedeckt stehen lassen. Nach zwei Tagen
erstmals probieren und dann etwas nachwür-
zen, falls es notwendig ist. Zu Bratfischen
und Bratheringen schmecken am besten frische Pellkartoffeln.

Rollmops

Der Rollmops ist zu Hause wie in Schnell-
imbiss-Stationen nicht nur als Katerfrühstück
beliebt. Hier ein bewährtes Rezept zum Sel-
bermachen:

Zutaten
6 frische Heringe
1/4 l Weißwein
1/8 l Essig
1 Zwiebel
1 Möhre
1 Stange Lauch
Pfefferkörner
Lorbeerblatt
Wacholderbeeren
Dill
Thymian
1 Glas Salz- oder Gewürzgurken

Zuerst die Heringe ausnehmen, säubern und
filetieren. Das Gemüse klein schneiden und
in einem Topf mit dem Weißwein, dem Essig
und den Gewürzen aufkochen lassen und
etwa fünf Minuten lang köcheln; dann das
Ganze ziehen und abkühlen lassen. Mit diesem Sud dann die Heringsfilets übergießen;
alles zusammen eine gute Stunde lang ziehen lassen. Die Gurken in Streifen schneiden,
in Heringsfilet einrollen und mit zwei kleinen
Holzstäbchen festmachen, auch Zahnstocher
eignen sich hierfür. So die Rollmöpse erneut
in die Marinade geben und dort eine Woche
lang ziehen lassen. Eine Lagerung im Kühlschrank oder in einem ganz kühlen Keller ist
die Voraussetzung für längere Haltbarkeit.

Räuchern als Geschäftsidee

Auf Volksfesten und zur Kirmes, bei Vereinsfeierlichkeiten und Traditionsfesten machen gerade die Verzehrgeschäfte stets ein gutes Geschäft – ganz gleich ob mit Bratwürsten oder Grillgut. Wie aufmerksamen Beobachtern wohl schon aufgefallen ist, sind gerade Fischbratereien Anziehungspunkte, vor denen sich oft lange Schlangen bilden. Das hat Maschinenfabriken auf die Idee gebracht, mit ihren Räucherschränken gleich auch eine Geschäftsidee zu offerieren. Sie bietet Verkaufsanhänger mit Räuchereinrichtungen an. Man kann diese Anhänger an einem normalen Pkw ankuppeln. Gedacht sind sie für Direktvermarkter wie für Existenzgründer.

Der Verkaufserfolg wird wie folgt begründet:

• Der Kunde kann den Herstellungsprozess mitverfolgen und erhält wirklich frische Ware.
• Die noch warmen Lebensmittel können als Imbiss frisch verzehrt werden und schmecken auch kalt zu Hause ganz lecker.
• Das Räuchern von Lebensmitteln auf Märkten ist bislang nicht weit verbreitet und stellt daher ein Marktlücke dar. Räucher-Anhänger ziehen Kunden durch ihren rustikalen Reiz und vor allem den weit ausströmenden Duft an.
• Zudem kann man ja den Kunden an der Verkaufstheke zu einer Probe des Räucherfisches einladen.
• Empfohlen wird der Verkauf von Fisch und Fischfilet in allen Variationen.

Vor allem auffällig und originell muss sie sein, die Werbung für Räucherfische am Straßenrand.

Bei diesen Firmen sind auch Begleitbroschüren für Existenzgründer erhältlich, mit allen wichtigen Informationen und Verordnungen für den Betrieb eines solchen Verkaufsstands, mit Kalkulationsunterlagen und vielen praktischen Ratschlägen.

Reisen zu Fischern und Räuchereien

Empfehlenswert für Urlauber, die in den schönsten Tagen des Jahres auch ihr Hobby voll ausleben wollen, ist das Buch von Susanne Hassenkamp „Die Route der Genüsse", erschienen im Rowohlt-Verlag. Mit diesem Führer kann man eine kulinarische Reise durch alle deutschen Bundesländer planen, an die man sich immer gern erinnern wird. Die Autorin stellt die lukullischen Spezialitäten der Regionen vor: informativ, gut beschrieben und gut bebildert. Neben Wein und Bier, Schinken und Wurst, Spezereien und Käse ist darin auch den Fischspezialitäten, so den Räucherfischen, ein breites Spektrum von Adressen gewidmet.

Ausgewählte Adressen werden auf Seite 100 genannt.

Von Susanne Hassenkamp erfährt man, dass man bei der Aquakulturgesellschaft Kiel Lachse direkt aus Meereskäfigen kaufen kann. Wer sich mit frischen Fischen versorgen will, der wird die schönste Schau wohl im traditionsreichen Hamburger Fischmarkt in Hamburg-Altona erleben; geöffnet ist er montags bis freitags täglich bereits ab 4 Uhr früh (!) und bis 16 Uhr. Hier werden echte maritime Köstlichkeiten frisch vom Fang angeboten – das mit viel Händlergeschrei und oft zu günstigen Preisen.

Nicht nur lernen, sondern auch gut einkaufen kann man Fisch und Fischereiartikel bei Antje Rieckmann in Brobergen zwischen Cuxhaven und Hamburg. Antje Rieckmann ist nicht nur bekannt dafür, dass sie kanadischen Königslachs in Kaltrauch und Cognac gut zu räuchern versteht, sondern sie weiß auch, wie man den König der Fische am besten fängt.

Überaus bekannt ist die Aalräucherei von Albertus Oeltjen in Bad Zwischenahn. Für ihn ist das Aalräuchern ein richtiges Ritual.

Empfohlen wird in diesem Buch der Fischereihof Dethlefsen in Hütten. Der Fischermeister Leif Dethlefsen kann neben seiner Räucherei ein kleines Fischerstübchen zur Einkehr anbieten.

An der Ostsee gilt die Fischräucherei von Werner Reimer und Gerhard Schulz im Ostseebad Ahlbeck als ein Geheimtipp. Bereits zu Zeiten der DDR waren Reimers „Goldene Flundern", Schillerlocken und Bücklinge heiß begehrt.

Wer in Mecklenburg-Vorpommern in Güstrow die Ernst-Barlach-Gedenkstätte besucht, sollte einen Abstecher zur Inselfischerei Elisabeth und Hans-Heinrich Schulz machen: Hier kann man Inselsee-Aal, Heilbutt, Hering, Kabeljau und Rotbarsch verkosten, der im traditionellen Altonaer Ofen mit Buchenholzscheiten geräuchert wurde. Oder man nimmt sich den frischen Fisch zum Räuchern mit nach Hause.

Das können nur ein paar Empfehlungen für die „Route der Genüsse" sein; sie lässt sich selbstverständlich auch durch das Rheinland und durch Süddeutschland bis hin zum Chiemgau und zum Bodensee fortsetzen.

Verzeichnisse

Wo man Räuchern lernen kann

Von den Landesanstalten für das Fischereiwesen in Bayern und Nordrhein-Westfalen
werden in regelmäßigem Turnus Kurse über
das Räuchern und Filetieren von Fischen
gehalten.
Die Termine dafür lassen sich über nachfolgende Anschriften feststellen:

Bayerische Landesanstalt für Fischerei
Weilheimer Straße 8
82319 Starnberg
Tel.: (0 81 51) 26 92 0
Fax: (0 81 51) 16 92 70
E-Mail: poststelle@lfi.bayern.de
Die Landesanstalt vermittelt die speziell zum
Räuchern von heimischen Süßwasserfischen
notwendigen Fertigkeiten und Kenntnisse.
Die zweitägigen Lehrgänge sind bevorzugt
für Personen gedacht, die hier erworbene
Kenntnisse und Fertigkeiten nicht nur privat
nutzen, sondern auch weitervermitteln, z.B.
im Rahmen von Fortbildungsmaßnahmen
örtlicher Fischereivereine.

Bezirk Niederbayern
Fachberatung für Fischerei
Maximilianstr. 15
84028 Landshut
Tel.: (08 71) 808 19 93
Fax: (08 71) 808 10 84
www.bezirk-niederbayern.de
(auf Fischerei/Umwelt klicken)
Der Bezirk Niederbayern unterhält im
Bayerischen Wald bei Zwiesel einen Fischer-
eilichen Lehr- und Beispielsbetrieb, in dem

alljährlich Fischräucherkurse veranstaltet
werden:
Fischereilicher Lehr- und Beispielsbetrieb
Lindbergmühle
Lindbergmühle 40
94227 Lindberg
Tel.: (0 99 22) 41 90
Fax: (0 99 22) 6 04 71

Landesanstalt für Ökologie, Bodenordnung
und Forsten (LÖBF)/
Landesamt für Agrarordnung (LafAO) NRW
Dezernate für Fischereiwesen
Heinsberger Straße 53
57399 Kirchhundem
Tel.: (0 27 23) 779 0
Fax: (0 27 23) 779 77

Folgende Firmen bieten auch Räucherkurse
an:

Oberacker Natur & Technik
(Anschrift siehe Bezugsquellen)

Schich Anlagenbau GmbH
(Anschrift siehe Bezugsquellen)

Der Veranstalter mydays hat in vielen Orten Deutschlands Räucherkurse im Programm: maydays GmbH
Tel. (0 18 05) 9 97 26 (14 Cent/Min. aus dem dt. Festnetz)
www.mydays.de

Informationen sind außerdem erhältlich bei:

aid – Auswertungs- und Informationsdienst für Ernährung, Landwirtschaft und Forsten
Friedrich-Ebert-Straße 3
53177 Bonn
Tel.: (02 28) 84 99 0

Auch in Österreich werden Räucherkurse angeboten, vom:
Bundesamt für Wasserwirtschaft
Institut für Gewässerkunde, Fischereibiologie und Seenkunde
Scharfling 18
A-5310 Mondsee
Tel.: (0 62 32) 38-47-0 oder -48
Fax: (0 62 32) 38 47 33
www.baw-igf.at

Aus der Schweiz kam die Nachricht, dass es dort keine Institutionen gibt, die Lehrgänge zum Thema Räuchern anbieten. Spezielle Fragen aber beantwortet das Ausbildungszentrum für die Schweizer Fleischwirtschaft ABZ
Schachenstrasse 43
Postfach 422
CH-3700 Spiez

Bezugsquellen

(nach Postleitzahlen)

Räuchergut
Inh. Markus Hendel
Friedensring 6 a
08233 Treuen
Tel. (03 74 68) 67 97 53
Fax (03 74 68) 67 97 53
E-Mail: hendel@t-online.de
www.raeuchergut.de
Räucheröfen und -tonnen aus Edelstahl und Feinblech, Edelstahl-Räucherhaken, Räucherheizungen, Räucheraufsätze, Räucherspäne (Buche, Eiche, Fichte), Pökel- und Räucherlaken, Gewürze und Kräuter

Holzhof Seelow
Inh. Torsten Korsing
Hinterstraße 16 c
15306 Seelow
Tel. (0 33 46) 85 53 96
Fax (0 33 46) 85 53 97
E-Mail: info@holzhof-seelow.de
www.holzhof-seelow.de
Anzündholz, Räucherspäne Buche (kleine und größere Gebinde bis zu Säcken von 15 kg)

Schich Anlagenbau GmbH
Im Felde 17
27574 Bremerhaven
Tel. (04 71) 3 40 14
Fax (04 71) 3 20 89
E-Mail: info@schich.de
www.schich.de
Räucheröfen für den Hobbybedarf, Industrieräucheröfen, Zubehör

Rosa Schurgast Handel & Vertretung
Neuenkirchner Weg 39
28779 Bremen
E-Mail: info@hvrs.de
www.hvrs.de
Räucheröfen, Räucherholz, Räuchertorf,
Räuchergewürze, Räucherlaken&Salz
Fischereien und Räuchereien

Pro-Fishing GmbH
Geschäftsführer Marc Schulz
Goethestraße 10 a
30890 Barsinghausen
Tel. (0 51 05) 77 30 95
Fax (0 51 05) 77 30 96
E-Mail: schulz@pro-fishing.de
www.raeucherchef.de
Räucheröfen (Kasten und Teleskop), Tisch-
räucheröfen, Heizungen und Brenner für
Räucheröfen, Gewürze und Kräuter, Räu-
chermehl, Messer und Zubehör, Fisch-File-
tierbretter, Filetierhandschuhe

Karl von Keitz Nachf. GmbH
Am Forsthaus 17
36163 Poppenhausen
Tel. (0 66 58) 15 55
Fax (0 66 58) 7 69
E-Mail: info@Karlvonkeitz.de
www.karlvonkeitz.com
Räucheröfen aus aluminierten Feinblech und
Edelstahl, Gasheizungen, Flachroste, Arbeits-
tische, Grätenschneider, Hälterbassins, Fisch-
betäubungsgeräte

Smoki-Räuchertechnik GbR
Von Galenstr. 31
49624 Löningen
Tel. (01 80) 5 01 40 24 (0,14 Euro/Min. aus
dt. Festnetz)
Fax (05 43) 26 96
E-Mail: smoki-shop@smokiofen.de
www.smoki-raeuchertechnik.de
Räucheröfen (teils mit Sichtscheiben), Rau-
cherzeuger, Räucherhölzer, Räucherlaugen
und -gewürze, Haken, Roste und Körbe,
Thermometer

Beelonia GmbH
Warendorfer Str. 1
48361 Beelen
Tel. (0 25 86) 2 75
Fax (0 25 86) 16 95
E-Mail: info@beelonia.de
www.beelonia.de
Räucheröfen in allen Größen, rustikale
Erlebnisräucheröfen, Profigeräte für den
gewerblichen Einsatz, Haken, Edelstahl-
Stangen, Thermostate, Thermometer, Räu-
cherspäne und -mehl, Sägemehlanzünder,
Gewürze, Schamottsteine, Gusstüren mit
Rahmen für den Bau von Räucheröfen,
Gasbrenner

Räucherversand
Bernd Jaeger
Inudstrieweg 2
56587 Straßenhaus
Tel. (0 26 34) 92 18 93
E-Mail: info@jaeger-versand.de
www.raeucherversand.de
Räucheröfen verzinkt und aus Edelstahl,
Tischräucheröfen, Gasbrenner, Gewürz-
mischungen, Haken, Räuchermehl, Roste,
Thermometer, elektr. Thermometer, Haken,
Fisch-Wellenroste aus Edelstahl

Hosta Stolz GmbH & Co. KG
Mirella-Räuchergeräte
Am Seelbach 1
57290 Neukirchen
Tel. (0 27 35) 78 31 0
Fax (0 27 35) 78 31 81
E-Mail: info@mirella-gourmet.com
www.mirella-gourmet.com
Elektrische Gar- und Räuchergeräte aus Edelstahl für Angler, Haushalte und die Gastronomie, Gewürze für Fisch und Fleisch, Wacholderräuchermehl, verschiedene Spezialroste, Räucherpfännchen, Auffangschalen

Ossa-Räuchergeräte
Torsten Georg e. K.
Linnwiese 1 A
57299 Burbach
Tel. (0 27 36) 61 30
Fax (0 27 36) 66 55
E-Mail: office@heliasmoker.de
www.heliasmoker.com
Fischräucheröfen, die auch in jedem geschlossenen Raum einsetzbar sind, Profigeräte für die Gastronomie, Spezialroste für

verschiedene Fische wie Forellen, Makrelen, Karpfen usw.

Peetz oHG Metallverarbeitung
Bergmecke 15
59872 Meschede-Freienohl
Tel. (0 29 03) 63 62 und 65 82
Fax (0 29 03) 25 78
E-Mail: info@peetz-ohg.de
Räucheröfen in allen Größen für Fisch und Fleisch, Räucherheizungen (Gas und elektrisch), Thermometer, Räuchermehl und -laugen, Räucherhaken, Flachroste, Handschuhe, Fischgewürze

Wolfgang Oberacker Natur & Technik
Gellertstraße 12
76344 Eggenstein
Tel. (07 21) 70 60 02
Fax (07 21) 7 81 86 22
E-Mail: info@oberacker.de
www.oberacker.de
Räucheröfen zur Kalt- und Heißräucherung mit Holz-, Gas- und Elektroheizung, Zubehör, Räucherkurse

AKM-Angel- und Ködermarkt
Robert Rasp
Hermann-Lingg-Str. 11
80336 München
Tel. (0 89) 53 24 80
Fax (0 89) 5 32 88 60
E-Mail:info@akm-angelgeraete.de
www.akm-angelgeraete.de
Räuchergeräte fein emailliert, Grillroste,
Brennergestell mit Brennschale, die vor Wind
schützt, ideal für Camping und Fischerei im
Hobbybereich

Hans Grassl GmbH
Waldhauser Str. 8
83471 Schönau am Königssee
Tel. (0 86 52) 31 92
Fax (0 86 52) 6 36 08
E-Mail: sales@hans-grassl.de
www.hans-grassl.de
Räucherschränke in großer Auswahl, Räu-
chergeräte auch für geschlossene Räume,
Einbaubrenner, Raucherzeuger für das Kalt-
räuchern, Räucherhaken, Rauchrohre, Räu-
chermehl, Thermometer, Filetierhilfen,
Rauchregulierungsschieber, Gewürze, Räu-
cherlaugen

Anglermarkt GmbH
Niederbieger Str. 35
88255 Baienfurt
Tel. (07 51) 4 93 78
Fax (07 51) 5 57 46 20
E-Mail: Anglermarkt@gmx.de
www.angler-markt.de
Edelstahl-Fischräucheröfen, Tele-Räucher-
öfen, Klappständer für Räucheröfen, Räu-
cherlauge, Räucherhaken, Fischgewürze,
Räuchergeräteanzünder, Flachroste für Räu-
cheröfen, Thermometer für Räucheröfen,
Fischkörbchen

Karl-Heinz Häussler GmbH
Nussbaumweg 1
88499 Heiligkreuztal
Tel. (0 73 71) 9 37 70
Fax (0 73 71) 93 77 40
E-Mail: info@backdorf.de
www.haeussler-gmbh.de
Doppelwandige Kalt- und Hausräucher-
schränke für Holz-, Gas- und Elektrofeue-
rung, Fischhaken, Grillroste, Edelstahl-
arbeitstische

Ing. G. Beckmann KG
Simoniusstr. 10
Industriegebiet Atzenberg
88239 Wangen/Allgäu
Tel. (0 75 22) 9 74 50
Fax (0 75 22) 9 74 51 50
E-Mail: info@beckmann-kg.de
Internet: www.beckmann-kg.de
Räucheröfen (Elektro- oder Gasheizung)
für bis zu 20 und bis zu 27 Fischen, Fisch-
körbchen,
Räuchermehl, Räuchergewürze

Jost-Räucherschränke
Josef und Walter Stegherr GbR
Hauptstraße 13
89365 Röfingen-Roßhaupten
Tel. (0 82 22) 41 16 77
Fax (0 82 22) 41 16 78
E-Mail: mail@jost-raeucherschraenke.de
www.jost-raeucherschraenke.de
Räucherschränke aus Stahlblech und Edel-
stahl (Holz- und Gasfeuerung) für Hobby
und Gewerbe, Aufhängestande aus Hartholz,
Haken, Zubehör für den Eigenbau von Räu-
cherschränken (Klinken, Scharniere, Ofen-
rohre, Thermoelementen usw.)

Pasta-Noris
Otto Dursch
Elsa-Brandström-Str. 68
90431 Nürnberg
Tel. (09 11) 65 14 58
Fax (09 11) 61 65 96
E-Mail: info@pastoris.eu
www.pastanoris.de
www.pastanoris.at
Edelstahl-Räucherschränke mit Holzschublade und als Option Elektroschublade

AGK Kronawitter GmbH
Industriegelände 1
94522 Wallersdorf
Tel. (0 99 33) 4 69 und 83 22
Fax (0 99 33) 85 70
E-Mail: kronawitter@agk-kronawitter.de
www.agk-kronawitter.de
Spezialunternehmen für Fischereibedarf, Universalräuchergeräte für Hobby und Gewerbe in verschiedenen Größen und Betriebsarten Holz, Elektro und Gas, Räucherhäusl, großes Zubehörsortiment, Räuchermehl, spezielle Aalräuchergeräte, Elektrofischegeräte

Räuchergeräte-Shop
Gerda Rosenberger
Asternweg 12
97228 Rottendorf
Tel. (0 93 02) 52 45 89 (AB)
Fax (0 93 02) 54 20 16
E-Mail: info@hausmacher-shop.de
www.hausmacher-shop.de
Räucheröfen (Edelstahl und verzinkt), Tischräucheröfen, Räuchermehl und -späne, Einstreuwürze, Pökelsalz, Lakenprüfer, Thermometer, Räuchermehlbehälter aus Edelstahl, Räucherhaken

Aqua Tech
Unterbrunnweg 3
6370 Kitzbühel
Österreich
Tel. (00 43 53 56) 7 13 99
Fax (00 43 53 56) 6 48 70
E-Mail: aquatech@a1.net
www.aqua-tech.eu
Räucheröfen für Hobby und Gewerbe in allen Größen, Räucherhaken, Rauchrohranschlüsse, Rohrhalterungen, Tischräucheröfen (auch mit Aalaufsatz), Räuchermehl, externe Raucherzeuger

MM-Handelsagentur
Inh. M. Müllner
5026 Salzburg-Aigen
Österreich
E-Mail: office@raeucherofen-versand.com
www.raeucherofen-versand.com
Tischräucheröfen, -tonnen, -schränke, Profi-Räucherschränke, Räucherhaken, Räucherheizungen, Thermometer, Räuchermehl und -lake

Zum Weiterlesen

AG Freilichtmuseen, Essen und Trinken wie in alter Zeit, Verlag Eugen Ulmer, Stuttgart 2008.
Binder, Egon: Räuchern – Fleisch, Wurst, Fisch. Verlag Eugen Ulmer, 7. Auflage, Stuttgart 2005.
Daiber, Claudia: Grillen. Verlag Eugen Ulmer, Stuttgart 2005.
Gahm, Bernhard: Würste, Sülzen, Pasteten selbst gemacht. Verlag Eugen Ulmer, 4. Auflage, Stuttgart 2008.
Gahm, Bernhard: Hausschlachten. Verlag Eugen Ulmer, 5. Auflage, Stuttgart 2008.
Samwald, Achim: Dörren. Verlag Eugen Ulmer, 4. Auflage, Stuttgart 2007.

Literaturverzeichnis

AID – Auswertungs- und Informationsdienst für Ernährung, Landwirtschaft und Forsten, Bonn (Hrsg.). Verbraucherdienst informiert. 1001/1992.

Allgemeine Fischerzeitung (agf). Ausgabe Nr. 7, April 1984.

Bayerisches Staatsministerium für Ernährung, Landwirtschaft und Forsten, München, Schriftenreihe: Spezialitäten aus Bayern.

Bayrle, H. und Heintges, F.: Versorgung und Verwertung von Fisch. Heintges Lehr- und Lernsystem GmbH, Marktredwitz 1986.

Beck'sche Textausgaben Lebensmittelrecht. Bundesgesetze und Verordnungen über Lebensmittel und Bedarfsgegenstände. Verlag C. H. Beck, München 1987.

Binder, E.: Räuchern – Fleisch, Wurst, Fisch. 3. Aufl. Verlag Eugen Ulmer, Stuttgart, 1995.

Falkenberg, S.: Salz ist Leben – seine Bedeutung für die Gesundheit. Ariston Verlag, Genf 1987.

Feuerungsanlagen-Verordnung (FeuV), Gesetz und Verordnungsblatt, Bayr. Innenministerium, 6. März 1998.

Fischwirtschaftliches Marketing-Institut, Bremerhaven: Im Fisch ist Vielfalt.

Gáti, I.: Historie der Natur. 18. Jhd. In: Gergeley, A.: Culinaria. Ungarische Spezialitäten. Könemann, Köln 1999.

Hassenkamp, S.: Die Route der Genüsse. Rowohlt Verlag, Reinbek 1996.

Heintges, F.: Räuchern von Angelfischen. Institut für moderne Lehr- und Lernmethodik, Marktredwitz, o. J.

HOSTO Stolz GmbH, Neunkirchen. Rezepte und Tips für Genießer: Leitfaden für das elektrische Garen. Neunkirchen, o. J.

Niedermeier, W.: Feinschmecker-Rezepte für Fisch, Fleisch und Wild im NDM-Super-Smoker. Selbstverlag, München, o. J.

Oetkers Lexikon A–Z Lebensmittel und Ernährung. 2. Aufl. Ceres-Verlag Rudolf August Oetker KG, Bielefeld 1983.

Sächsischer Landesfischereiverband, Dresden, Delikatesse Karpfen.

Sambraus, H.-H. und Steiger, A. (Hrsg.): Das Buch vom Tierschutz. Ferdinand Enke Verlag, Stuttgart 1997.

Seymour, J.: Selbstversorgung aus dem Garten, Vorräte anlegen, handwerklich arbeiten. Otto Maier Verlag, Ravensburg 1981.

Der Spiegel. Hamburg. 22/2000.

Tria-Tritzschler, Apparate- und Maschinenbau GmbH: Fisch- und Fleischräucherrezepte. Selbstverlag, Mömbris, o. J.

Ullsteins Gourmet-Journal. Hamburg, Ausgabe Oktober 1981.

Verordnung zum Schutz von Tieren im Zusammenhang mit Schlachtung oder Tötung. Tierschutz-Schlachtverordnung. Bundesministerium für Ernährung, Landwirtschaft und Forsten. Bundesgesetzblatt vom 25.11.1999.

Zedler, J. H.: Großes vollständiges Universal-Lexikon aller Wissenschaften und Künste. Unveränderter Nachdruck der Ausgabe Leipzig und Halle 1732–1750. Akademische Druck- und Verlagsanstalt, Graz 1961–1964.

Zipfel, W.: Kommentar zum Lebensmittelrecht. Verlag C. H. Beck, München 1983.

Kleines Räucherlexikon

Beizen
Gebeizt werden können Fische, indem man sie in ein schwach konzentriertes Essigwasser einlegt und acht Stunden lang kühl stellt. Hinzugegeben werden verschiedene Gewürze, Salz und Zucker.

Fischmarinaden
Fischmarinaden sind Soßen aus Fischen oder Fischteilen, die mit Gewürzen, Essig und Salz angereichert.

Gewichtsverlust
Je nach Größe und Räucherzeit verliert der Räucherfisch im Vergleich zum Frischfisch 15 bis 20 Prozent seines Gewichts.

Heiß-Nassräuchern
Beim Heiß-Nassräuchern sollte die Temperatur im Räucherschrank oder -häuschen über 100 °C liegen. Die Fische werden dann innerhalb kurzer Zeit gegart. Die Methode wird vor allem bei Fischen angewendet, die bald nach dem Räuchern verzehrt werden.

Heiß-Trockenräuchern
Beim Heiß-Trockenräuchern werden die Temperaturen im Räucherfass oder -ofen nur langsam hochgefahren und sollten erst nach einer Stunde 70 bis 80 °C erreichen. Erst zum Schluss des Räuchervorgangs sollten 100 °C angesteuert werden. Das Fischfleisch wird dabei langsam getrocknet und der Fisch erhält einen intensiveren Räuchergeschmack.

Kalträuchern
Das Kalträuchern setzt ein intensiveres Lakebad in einer 20-prozentigen Lake (also 20 Teile Salz auf 80 Teile Wasser) voraus. Die Temperaturen sollten um die 20 °C gehalten werden. Das Kalträuchern dauert am längsten, die Fische sind so aber auch am längsten haltbar.

Nasssalzen (Lake)
Vor dem Räuchern müssen Räucherfische zuerst eingesalzen werden, um damit die Haltbarkeit zu gewährleisten. Ein normale Lake wird für das Nasssalzen mit 80 bis 100 Gramm Speisesalz auf 10 Liter Wasser angesetzt.

Räucherholz
Zum Räuchern zu empfehlen sind in der Regel Hartholz und Sägespäne aus Hartholz. Von stark harzigen Hölzern wie Kiefern und Koniferen sollte abgesehen werden.

Räucherprozess
Der Rauch wirkt desinfizierend und verlängert die Haltbarkeit von Fischen, die sich auch im geräucherten Zustand einfrieren lassen.

Räucherzeiten
Je nach der Art und Weise des Räucherns (Heiß- oder Kalträuchern) und je nach Größe des Fisches dauert der Räucherprozess in der Regel zwischen 20 und 90 Minuten.

Trockensalzen
Beim Trockensalzen werden die Fische innen wie außen mit Speisesalz eingerieben und daraufhin vier bis fünf Stunden in einer Schüssel an einem kühlen Ort gelagert.

Würzmittel
Als Würzmittel für Räucherfische kommen neben Salz Gewürze wie Wacholderbeeren, Dill, Salbei, Fenchel, Rosmarin, Thymian und Zitronensaft in Frage.

Bildquellen

Fotos:
Frank Aschermann, Hamburg: Seite 88.
Foto Blinker: Seite 12, 42, 44, 63 (2), 64.
Michael Brauner, Karlsruhe: Titelfoto.
istockphoto/Juhokuva: Seite 5 / Ellie Botton:
Seite 38 / Liza McCorkle: Seite 41 / Matthias
Happach: Seite 69.
Heinz Jagusch, Erkrath: Seite 17, 19, 21, 22,
25, 29, 31, 53 (links), 97.
Ulrich Kerth, München: Seite 37.
Fridhelm Volk, Stuttgart: Seite 8, 45, 62.
Alle übrigen Fotos des Innenteils sind vom
Autor.

Zeichnungen:
Joannis Selveris, Kernen: Seite 50 (2), 54.
Die Zeichnungen auf den Seiten 21 und 26
stammen aus: Marie von Rokitansky, Die
österreichische Küche, A. Edlinger Verlag,
Wien 1913.
Alle übrigen Zeichnungen fertigte Kerstin
Heß, Stuttgart, nach Vorlagen des Autors.

Register

Haftung:
Autor und Verlag haben sich um richtige und zuverlässige
Angaben bemüht. Fehler können jedoch nicht vollständig
ausgeschlossen werden. Eine Garantie für die Richtigkeit
der Angaben kann daher nicht gegeben werden. Haftung
für Schäden und Unfälle wird aus keinem Rechtsgrund über-
nommen.

Bibliografische Information der Deutschen Nationalbibliothek
Die Deutsche Nationalbibliothek verzeichnet diese Publikation in
der Deutschen Nationalbibliografie; detaillierte bibliografische
Daten sind im Internet über http://dnb.d-nb.de abrufbar.

©2001, 2010 Eugen Ulmer KG
Wollgrasweg 41, 70599 Stuttgart (Hohenheim)
E-Mail: info@ulmer.de
Internet: www.ulmer.de
Umschlagentwurf: Atelier Reichert, Stuttgart
Lektorat: Birgit Fiebiger, Helen Haas
Satz: r&p digitale medien, Echterdingen
Druck und Bindung: Friedrich Pustet, Regensburg
Printed in Deutschland

ISBN 978-3-8001-6936-8

Selbstgemachte Leckereien

So werden Fleisch, Fisch und Wurst haltbar gemacht und gleichzeitig zu einer Delikatesse.
- Räucherarten: Kalt-, Warm- und Heißräuchern
- verschiedene Geräte: für Garten und Camping, Räucherschränke und -kammern
- nützliche Tipps direkt aus der Praxis
- zahlreiche erprobte Rezepte

Räuchern. Fleisch, Wurst, Fisch.
Egon Binder. 7. Aufl. 2006. 125 S., 69 Farbf.,
15 Zeichn., kart. ISBN 978-3-8001-5084-7

Natürlich konservieren!

Dörren. Früchte, Gemüse, Kräuter.
Achim Samwald. 4., überarbeitete Aufl. 2007.
128 S., 61 Farbf., 15 Zeich., kart.
ISBN 978-3-8001-4922-3

So wird Hausgeschlachtetes richtig gut verarbeitet
- Leicht verständlicher Ratgeber für die Praxis
- Hintergrundinfos und Tipps vom Profi
- Zahlreiche Rezepte

Würste, Sülzen, Pasteten.
Selbst gemacht. Bernhard Gahm.
4., korrigierte Aufl. 2008.
156 S., 142 Farbf., kart.
ISBN 978-3-8001-5765-5

Änderungen und Irrtümer vorbehalten.

Erhältlich in Ihrer Buchhandlung oder unter **www.ulmer.de**

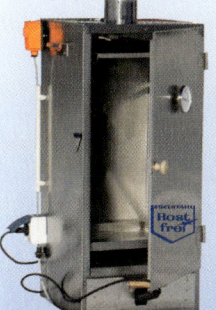